**como
salvar
o
futuro**

como salvar o futuro

ações
para
o
presente

andré
carvalhal

pa ra _e la

Copyright © 2021 by André Carvalhal

A Editora Paralela é uma divisão da Editora Schwarcz S.A.

Grafia atualizada segundo o Acordo Ortográfico da Língua Portuguesa de 1990, que entrou em vigor no Brasil em 2009.

CAPA Bruno Oliveira
ILUSTRAÇÕES André Carvalhal e Luana Adriano
PREPARAÇÃO Maria Fernanda Alvares
REVISÃO Renato Potenza Rodrigues, Carmen T. S. Costa, Renata Lopes Del Nero e Adriana Bairrada

Dados Internacionais de Catalogação na Publicação (CIP)
(Câmara Brasileira do Livro, SP, Brasil)

Carvalhal, André
  Como salvar o futuro : Ações para o presente / André Carvalhal. — 1ª ed. — São Paulo : Paralela, 2021.

  ISBN 978-85-8439-205-6

  1. Atualidades 2. Comportamento social 3. Futuro – Perspectivas 4. Mudança social 5. Sociologia 6. Sustentabilidade I. Título.

21-56218 CDD-303.4

Índice para catálogo sistemático:
1. Mudança social : Sociologia   303.4

Maria Alice Ferreira – Bibliotecária – CRB-8/7964

1ª reimpressão

[2021]
Todos os direitos desta edição reservados à
EDITORA SCHWARCZ S.A.
Rua Bandeira Paulista, 702, cj. 32
04532-002 — São Paulo — SP
Telefone: (11) 3707-3500
editoraparalela.com.br
atendimentoaoleitor@editoraparalela.com.br

SUMÁRIO

ANTES DE COMEÇAR 11

ACREDITAR 29
COLABORAR 45
DESCOLONIZAR 61
EQUILIBRAR 79
ILUMINAR 97
LIBERTAR 115
ORIGINAR 131
PLANTAR 149
QUESTIONAR 165
REGENERAR 185
SALVAR 201

chances de mudar o passado

chances de mudar o futuro

Antes de começar

Ah, o futuro... Tão sonhado e desejado. Durante algum tempo, ele representou a esperança de dias melhores. "Tudo vai dar certo no futuro", diziam por aí, e eu e muita gente acreditamos que o futuro seria algo legal, brilhante. Com o tempo, parece que o que era otimismo passou a ser incerteza e para alguns até pessimismo.

Começamos a ter notícias sobre catástrofes climáticas, crimes ambientais, a nos preocupar com guerras nucleares, biológicas e até mesmo a prever a extinção da nossa espécie. Uma pandemia fez nossa vida virar de cabeça para baixo, e rapidamente o passado perdeu todo o sentido, podendo servir muito pouco como referência para a maneira como devemos agir daqui para a frente. E o futuro...

Bem, o futuro é cada vez mais incerto. Pela primeira vez em nossa vida, estamos nos deparando com uma possibilidade tangível de cancelamento do futuro. E o que vai restar só pode ser previsto por meio de um número sem fim de cenários e possibilidades, que combinados e recombinados resultam em uma quantidade de hipóteses que eu nem sei como calcular.

É como se estivéssemos vivendo os tempos mais utópicos e ao mesmo tempo mais distópicos da história da humanidade (para você também é assim?). De um lado, infinitas possibilidades e necessidades de transformação, graças a todo o avanço tecnológico que vivemos e a uma nova vida real — física e virtual — que se apresenta. Do outro lado, apocalipse moral, ético, e crises em muitas áreas da nossa vida.

E por todos os lados vemos crescer o número de pessoas questionando a política, o capitalismo, a desigualdade social, a distribuição de renda e os algoritmos, preocupando-se com o uso dos nossos dados na internet e com o desemprego em massa gerado pela automação, e já sofrendo as consequências da devastação que causamos ao planeta. Como se não bastasse, vemos mais gente ainda reclamando de um buraco interior que parece ser maior que o da camada de ozônio.

Não à toa, crianças e adolescentes vêm militando e cobrando o futuro que lhes foi tirado. Em 2019, muitas foram às ruas, fizeram greve nas escolas, com a justificativa de que não vai ter futuro. Em 2020 mais manifestações, dessa vez com pautas antifascista, antirracista, pró-democracia. É como se dessa vez o gigante (nosso eu interior) estivesse acordando mesmo. E um despertar coletivo estivesse se apresentando.

Ao longo da história, o futuro quebrou e se consertou diversas vezes. Sempre foi reconstruído por pessoas inovadoras, criadoras e ativistas. Como diz Simrat Kaur, "somos a criação do passado e o criador do futuro". Antigamente olhávamos para o Sol, a Lua e as estrelas e escrevíamos nas paredes das cavernas. Hoje nós olhamos para o lado e usamos celulares e computadores, mas continuamos tendo a chance de escrever e reescrever a nossa história.

Este é o momento de meditarmos sobre o mundo em que queremos viver. Estamos no auge de uma transformação planetária na qual teremos a chance de transmutar: medo em confiança, sofrimento em alegria, egoísmo em altruísmo, evoluindo do paradigma individual para uma visão coletiva (ou não). Esse futuro não está (tão) ali na frente. Ele já está misturado no presente. Apesar de tanta notícia ruim, coisas boas já estão acontecendo (eu contei muitas delas em *Viva o fim*, meu livro anterior, que foi finalista do prêmio Jabuti), por isso é possível ter esperança.

A boa notícia é que o futuro é aberto e depende de nós (ou seria essa uma má notícia?). O desafio é tão grande quanto as possibilidades e os ganhos (é sempre assim). A verdade sobre o futuro é que não existe uma verdade sobre o futuro. Ele sempre é redefinido e será criado por nós agora, no presente.

A má notícia (e eu tenho certeza disso) é que você não vai salvar o futuro sozinhe. Ações individuais não serão suficientes. São muitas pessoas atuando de forma predatória há muito tempo — apesar de os maiores impactos negativos serem provocados por uma parcela pequena da população (os mais ricos, os que faturam mais, os países mais desenvolvidos...). Mas, de alguma forma, nosso estilo de vida e a forma como estamos no mundo também contribuíram para que chegássemos a este ponto.

Não digo isso para firmar sentimento de culpa ou arrependimento. Muitas pessoas têm agido dessa maneira até hoje motivadas pela falta de consciência em relação a diversas pautas urgentes; outras, por falta de opção. E diversas são levadas por esse sistema que converteu a maioria de nós em seres de produção e consumo e que se beneficia de quando tudo continua como está.

Outro dia, quando ouvi no avião "coloque a máscara primeiro em você", pensei que, antes de querer "salvar" alguém ou alguma coisa, devemos começar por nós mesmos. E isso fortaleceu a minha crença em ações individuais.

O autoconhecimento e a busca por um papel no mundo, por um propósito, são fundamentais nesse processo. Somente a noção de "quem somos" pode nos fortalecer e nos proteger das armadilhas do mundo impostas pelas pressões (e pelas redes) sociais, pela antiga ditadura do consumo, pela propaganda — sempre insinuando que precisamos de algo a mais para definir a nossa existência.

O autoconhecimento vai nos mostrar como podemos agir no presente para servir ao futuro.

Vivemos uma ideia de humanidade que não é real. O planeta foi convertido em um depósito infinito de recursos, no qual parece que é permitido explorar tudo, inclusive outros seres. Enquanto algumas pessoas enriqueceram e se tornaram bilionárias, outras mergulharam em profunda pobreza. E assim vamos desequilibrando tudo e comprometendo a nossa existência. Recuperar a noção de que fazemos parte (de uma grande comunidade) da natureza e de que precisamos dela como aliada é o primeiro passo para a transformação individual.

A noção de que a revolução começa em nós, mas de que sozinhes não fazemos a diferença, é muito importante. Ela deve ser a motivação para nos abrirmos a outras perspectivas e compartilharmos as nossas em prol da evolução da consciência coletiva. Para fazermos alianças, formarmos grupos e então irmos mais longe.

É preciso estabelecer mudanças coletivas para uma evolução coletiva de consciência. Construir micropolíticas e redes de apoio entre as pessoas em que acreditamos. Redes transparentes, acessíveis e ideologicamente compatíveis com a noção de que fazemos parte de um todo muito maior. A abolição da exploração do meio ambiente só virá com a de todos os seres — humanos e não humanos.

Mas nada disso adianta — ações individuais ou redes colaborativas — se o sistema não mudar. Sim, temos que aceitar isso também. Mas é importante lembrar que o que chamamos de capitalismo — as empresas, as fábricas, os bancos, os políticos, as escolas, as igrejas e tantos outros sistemas apontados como a causa da grande devastação do planeta e da nossa alma — são redes formadas e comandadas por pessoas.

Se acreditamos no planeta como um sistema integrado e com problemas sistêmicos, não podemos excluir as pessoas da solução. É preciso responsabilizar a sociedade como um todo. E aqui, neste livro, eu não me refiro a (nós) pessoas somente na condição de "consumidoras" para culpá-las pela destruição do futuro — eu adoraria que ele estivesse sendo lido por milionários, políticos, gurus...

"Respeitar a Terra e a vida em toda a sua diversidade e cuidar da comunidade com compreensão, compaixão e amor" são alguns dos princípios da Carta da Terra, um documento apresentado durante a Eco-92 para a criação de uma sociedade global pacífica, justa e mais sustentável. Ela propõe uma série de mudanças de hábitos para alcançar um futuro melhor no nosso planeta.

Pode parecer um tanto quanto ingênuo ou otimista demais pensar assim. Acreditar que alguma transformação é possível. Acreditar no amor desinteressado. Se você é uma pessoa bem informada, sabe que tem muita gente lucrando com o fim do futuro. Enriquecendo a curto prazo. Saqueando e acumulando. É conveniente para muita gente que não tem o menor interesse em que essas ideias se espalhem. Inclusive fazem de tudo para manter as pessoas aprisionadas ao passado.

Só que, mais uma vez eu digo, foi assim ao longo da história. Grandes transformações, criações, movimentos começaram (para o bem ou para o mal) com uma única pessoa. Como diz minha amiga Fe Cortez, Gandhi era uma pessoa, Hitler era uma pessoa. O telefone, a lâmpada e tantas outras invenções que transformaram a sociedade — e o sistema — foram feitas por uma pessoa. Depois precisaram de muitas outras que as viabilizassem e distribuíssem, antes que mudassem nossa vida para sempre.

Por isso sou otimista. E fica cada vez mais forte em mim a ideia de que, para interferirmos no futuro, precisamos agir no presente, começando por nós mesmos. Para votar certo, acompanhar, cobrar, criticar, boicotar, libertar, lutar (e tudo o mais que você acredita que resulte em mudanças sistêmicas), precisamos entender o que está acontecendo. Entender como chegamos até aqui e por que devemos mudar.

Justiça social, ambiental, controle de fake news, ética no uso de dados, fim do racismo estrutural, igualdade de gêneros, distribuição de riquezas, taxação de fortunas, comércio justo, ética no trabalho, democracia... Quem você acha que vai lutar por isso?

O futuro (só) vai ser salvo por mudanças sistêmicas, que começam nas pessoas, espalham-se em grupos, para que depois estruturas sejam transformadas. E o primeiro passo é olhar para o presente e compreender as estruturas que nos amarram.

A intenção deste livro não é criar uma lista mandatória que deva valer para todas as pessoas (seria impossível existir uma lista única, já que somos criaturas únicas, vivendo realidades diferentes), mas sim compartilhar um pouco da minha jornada, histórias de pessoas próximas, aprendizados, desafios e o que observo do mundo, para estimular a troca e a reflexão.

Vale dizer também que, apesar de trazer histórias pessoais, estou longe de ser perfeito e não pretendo me colocar como exemplo a ser seguido. Vivo lutando contra minhas incoerências, tentando acertar, ajustar; me alinhar profissional e espiritualmente. Numa baita jornada que se revela cada vez mais desafiadora quanto mais consciência eu ganho e quanto mais alta é a minha expectativa de aprender e melhorar. Mas acredito que abrir meus processos pode ajudar você a pensar nos seus.

Este é um livro sobre muitas coisas: sobre propósito, sobre o fim do mundo como o conhecemos, e também sobre espiritualidade, alimentação, política, empatia, feminismo, colaboração, reaprendizagem e outros memes do presente em que eu acredito. São onze temas — os quais renderiam onze outros livros — que eu continuo trabalhando em minhas redes sociais (@carvalhando). Este livro é apenas o início.

Antes de começar, gostaria de propor alguns acordos. Não veja este livro como um guia. A liberdade é chave para qualquer tipo de salvação (vamos precisar de muita liberdade para salvar o futuro). Os capítulos estão organizados em ordem alfabética para você ler na ordem que quiser. Eu recomendo que você faça sua leitura de forma intuitiva e vá anotando seus insights.

Este livro é um convite ao diálogo. Fique à vontade para discordar, criticar e me mostrar outros pontos de vista que eu ainda não esteja vendo (pode me procurar nas redes sociais e me contar sua história, eu amo saber). Sugiro que você anote e leia em voz alta aquilo que ressoar mais em você. Quanto mais sentidos ativados, maiores as chances de nos lembrarmos do que nos importa.

Para que essas ideias possam se espalhar por aí, faça da sua jornada individual algo também coletivo. (É assim que começa. Você já entendeu minha intenção, né?) Aproveite os temas abordados aqui para criar diálogos com outras pessoas. Depois de escrever grandes best-sellers de trezentas, quatrocentas páginas, desta vez eu me desafiei a escrever o menor livro possível, para que você possa ler rápido e investir tempo em trocas.

Experimente grupos de leitura com conversas. Exercite a criação de redes. Um caminho (que eu amo) é reunir pessoas para ler os capítulos em grupo e conversar depois — superfunciona de forma remota também, através de plataformas de reuniões à distância. No fim de cada capítulo indico uma série de filmes, livros e dicas para que você possa se aprofundar nos temas. E logo aqui, em seguida, compartilho um pouco do que aprendi estudando "comunicação não violenta" para inspirar formatos de conversas. Boa leitura e boa(s) troca(s).

* * *

Nota sobre a edição: entendendo a língua e a linguagem como potenciais demarcadores de gênero, em *Moda com propósito* eu usei @ em vez de "o" no final de algumas palavras — como "amig@s" — para tornar o discurso mais neutro.

De lá para cá, surgiram outras alternativas que visam desconstruir generalizações sexistas, que tendem ao masculino, sobrepondo às identidades femininas e não binárias (pessoas que não se identificam com o gênero masculino ou feminino). Além disso, aprendi que o uso de @ e X no final de palavras dificulta o entendimento por parte de pessoas com dislexia, cegas ou com limitação visual, que usam aplicativos para leitura.

Neste livro eu experimentei trocar palavras para reduzir possíveis generalizações masculinas e estou usando outras formas neutras, que estão sendo construídas de forma coletiva, como o uso de "e" no final de algumas palavras ("todes", por exemplo). No capítulo "Descolonizar" eu explico melhor. Vale ressaltar que essa não é uma norma gramatical, é uma experimentação simbólica, na intenção de tornar a linguagem do livro mais neutra e inclusiva.

CONVERSAS

Há várias maneiras de conversar. De forma organizada ou informal. Entre todas elas, a roda de conversa é um método ancestral para a criação de espaços de diálogo em que todas as pessoas possam se expressar e, sobretudo, se escutar e escutar outras pessoas. Experimente.

Preparação

▌ Organizem-se de forma que todos possam se ver. Se for um encontro físico, a roda é um formato democrático, inclusivo. Se for um encontro virtual, busque programas ou aplicativos de conversa que comportem o maior número possível de pessoas na tela.

▌ Mesmo que a roda tenha alguém que facilite a dinâmica, é importante que não haja uma organização hierárquica, para que todas as pessoas se sintam à vontade para falar.

▌ Formem grupos diversos para que a conversa seja mais rica e tenha diferentes pontos de vista. Quanto mais variada a roda, mais produtiva será a troca.

▌ Estabeleçam acordos no início. Eles podem ser relacionados ao tempo de fala, ordem, uso de celular, por exemplo.

▌ A conversa pode ser livre ou embasada em livros, filmes ou dados apresentados por alguém.

Roteiro

Às vezes é necessário um roteiro para guiar e organizar a conversa. Definir o problema central e conversar sobre as causas, as consequências, as soluções e os sentimentos relacionados ao tema pode ser um caminho. Fazer uma lista coletiva de ações é bem interessante também.

- Problema central: sobre o que vamos conversar?
- Causas: o que nos trouxe a este cenário?
- Consequências: o que pode acontecer depois disso?
- Soluções: como podemos minimizar ou resolver isso?
- Sentimento: quais sentimentos isso me desperta?

No fim da conversa, é importante nos voltarmos para dentro para identificar quais sentimentos estão aflorados. Raiva, frustração, medo, ansiedade, preocupação: o que precisamos resolver em nós para nos energizarmos antes de resolver tal questão?

Durante

Seja em conversas em grupo, seja em diálogos a dois, precisamos cuidar da nossa participação, para que a conversa se torne a mais positiva possível, e potencializar a participação de quem está presente. Estes são alguns princípios de comunicação não violenta:

- Experimente a escuta ativa. Não interrompa, deixe a outra pessoa se colocar de forma integral. Apenas escute, sem movimentos corporais de concordância ou discordância, sem se distrair com celular ou escrevendo, por exemplo. Mostre-se presente, isso significa que você respeita e valoriza quem está trocando com você.
- Em uma conversa a dois, experimente dizer o que você entendeu sobre a fala da outra pessoa, antes mesmo de opinar ou falar de você. Essa checagem ajuda a sintonizar o papo, mas principalmente fazer a pessoa se ouvir novamente e você ter certeza de que estão na mesma página.
- Reconheça, valorize, elogie. Comece de forma positiva — caso faça sentido para você. Mas evite sarcasmos, ironias ou movimentos corporais bruscos se você discordar. Coloque seus sentimentos de forma clara diante da fala da outra pessoa.
- Caso não tenha o que acrescentar, não tenha uma opinião formada ou não tenha condições emocio-

nais para responder, explique. Não precisamos sempre falar sobre tudo. Mas é importante deixar claro o motivo do silêncio, para não parecer uma barreira de diálogo.

Respire, tome tempo necessário para a conversa seguir sem pressa. Se o clima esquentar, tornando-se pouco construtivo ou até mesmo agressivo, é melhor parar e buscar uma nova oportunidade de encontro.

MAIS PARA CONVERSAR

Livros

Comunicação não violenta: técnicas para aprimorar relacionamentos pessoais e profissionais e *Vivendo a comunicação não violenta*, de Marshall Rosenberg.

Filmes

Assista e busque semelhanças entre os filmes *Dois papas* e *Cortesia acidental*.

Palestra no TED

"Por que tomo café com pessoas que me mandam mensagens de ódio", Özlem Cekic.

Grupo

O Lugar (www.olugar.org) é uma comunidade on-line para diálogo e transformação, com práticas e participantes do mundo todo.

Cursos de formação

Comunicação não violenta na prática, de forma presencial e on-line em www.institutocnvb.com.br.

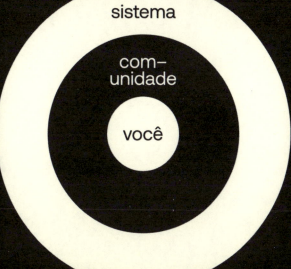

Acreditar

O que você quer ser quando crescer? "Astronauta", eu sempre respondia quando era criança. Bem, como você já deve saber, não me tornei um. Mas tá tudo bem. Olhando para trás, eu vejo que não fiz nada para isso. Por outro lado, tudo o que eu fiz me trouxe exatamente para onde estou.

Nasci numa família de classe média baixa, e morei toda a minha infância no Méier, zona norte do Rio de Janeiro. Na minha adolescência, meus pais se separaram, e meu pai ficou desempregado por muito tempo, fazendo com que eu tivesse que trabalhar desde cedo, bancar meus estudos e tudo mais que quisesse.

Meu primeiro emprego formal foi num curso de inglês, pois precisava aprender uma língua e não tinha dinheiro. Com o salário pagava a faculdade, que planejei terminar em oito anos (o dobro do normal), para pagar menos por mês. Vendia o vale-transporte que ganhava para complementar minha renda (ia a pé do trabalho para a faculdade).

Sempre fui muito estrategista e criativo (talvez por viver com tão pouco, durante muito tempo). Desde muito pequeno achava que por ser gay — e ser bastante rejeitado na escola, onde morava e por alguns familiares — precisava ser mais e melhor que todos para ser aceito, então sempre me esforcei muito.

Vivendo com restrição durante muito tempo, meu sonho era ser rico. Queria morar na zona sul, em casas e apartamentos que via nas novelas. Cheguei a pensar em prestar vestibular para medicina ou arquitetura, pois era o que faziam alguns ricos que via na TV. Virei publicitário.

Até que um dia me vi atendendo contas de carro, banco, bebidas e cigarro e percebi que nada daquilo fazia sentido para mim. Era o auge das agências, e todos ganhavam muito dinheiro. Eu tinha trabalhado já nas duas das três maiores agências do Rio e estava indo bem. Mas, no fundo, no fundo, eu sabia que não era aquilo que eu queria.

Mudei para moda. Fiz uma primeira transição de carreira como aposta. Voltei três casas profissionais, para ser assistente de marketing, ganhando menos de um terço do meu salário da agência, em um momento em que minha mãe e minha irmã precisavam que eu ajudasse nas contas de casa.

Dez anos depois de fazer essa escolha, eu estava ganhando mais de dez vezes meu salário inicial e com um milhão na minha conta bancária (meta que coloquei para mim no dia em que ganhei meu primeiro salário). Quem via de fora achava que eu era feliz e realizado. Hype, viagens, sucesso profissional, bons relacionamentos... eu parecia ter tudo o que (qualquer pessoa) queria. Mas, quando estava sozinho, só queria chorar.

Um dia olhei à minha volta e percebi que o dinheiro, o status, a fama e tudo que eu tinha conquistado não garantiam minha felicidade. Comecei a entender que meu estilo de vida, meu trabalho, minha dependência por recursos naturais estavam gerando uma conta grande, que eu pagaria no futuro. Decidi me libertar de tudo que não me trazia felicidade. Pedi demissão.

A busca pelo meu propósito, pela minha felicidade e por uma maior coerência na vida sempre esteve por perto. O processo nunca foi fácil, e eu nunca esperei que fosse, por isso acho que nunca tive medo. O medo é o oposto da confiança, é o que nos trava, nos tira do fluxo. Quando há confiança há fluxo. As coisas se encaminham (tenho aprendido isso).

Um tempo depois lá estava eu, morando no metro quadrado mais caro do Rio, de frente para o mar, na praia do Leblon. Minhas reservas financeiras possibilitariam que eu comprasse um apartamento, investisse e vivesse de renda, pelo menos por um período. Mas era como se eu não pudesse parar. Eu sentia uma vontade enorme de fazer, aliada a um desejo de transformar o mundo. Troquei o sonho da casa própria pelo da asa própria.

Peguei a grana que tinha e decidi empreender. Nunca mais eu teria chefe. Coloquei quase todo o meu dinheiro em um projeto em que acreditava muito, e seis meses depois percebi que não era aquilo que queria. Não por capricho ou vontade própria, eu realmente não sabia fazer o que estava me propondo e não tinha vocação para ser dono, administrador de nada. Fiquei doente no corpo, na alma, e decidi abrir mão de todo o investimento feito e partir para outra.

Mais uma vez voltei algumas casas. Depois de ser dono do meu próprio negócio, voltei a ser funcionário, diretor criativo em uma marca (enquanto mantinha em paralelo carreiras de escritor, consultor, professor, facilitador e comunicador). A essa altura, quanto maior "a queda", maior seria a perda (financeira, emocional...). Mas a chance de ganho e realização também era proporcional. Eu senti que precisava me entregar àquela experiência.

Durante os três anos iniciais de construção dessa marca eu estive animado (não sei se posso chamar de feliz). Fazer algo que nunca havia sido feito, desbravar, descobrir, tem a ver com meu signo, sagitário, e o trabalho intenso atiçava meu ascendente, capricórnio. Mas, um tempo depois, lá estava eu questionando minha vida novamente. Mais uma vez, abri mão de tudo para recomeçar.

Sabe, eu acho que comigo sempre vai ser assim. Construir e desconstruir. Acreditar e arriscar, me jogar no vazio, em um looping infinito. Quando olho para trás, eu admiro a minha capacidade de abrir mão... de dinheiro, status, cargo, fosse lá o que fosse. Foram muitas as vezes que fiz isso. Mas até mesmo quando (por algum ponto de vista) não deu certo, para mim (de alguma forma) deu certo. Sempre assim.

Acho que isso foi acontecendo conforme fui confiando que eu era responsável pela minha vida. Então parece que tudo sempre se ajeitava. Nunca faltava nada que é essencial. Quantas vezes abri mão de dinheiro, quando mais precisava de dinheiro. Quantas vezes saí e voltei para o mesmo ponto de partida. Mas sempre diferente. Cada vez mais consciente, mais certo do que queria, ou pelo menos do que eu não queria (essa certeza sempre veio primeiro).

Eu sempre tive a escolha de ficar onde estava, onde nasci, com as possibilidades que se apresentavam, acomodado, rejeitado, ou seguir os meus sonhos, em busca do que acreditava. Pessoas próximas a mim sempre comentam minha capacidade de criar e materializar o que desejo. Isso para mim é fácil. Dificuldade para mim (ainda) é ser feliz ao longo do processo.

Algumas pessoas acreditam que a capacidade de criar é um dom. Talvez essa crença tenha começado lá na Grécia antiga, quando não se acreditava que a criatividade viesse dos seres humanos. A crença consistia em que a criatividade era um espírito de plantão que vinha nos encontrar para fazer coisas incríveis. Bastante gente entregou a vida — e a capacidade de criar e materializar — a tal força misteriosa.

Até hoje, vejo muita gente deixando nas mãos de Deus, como sendo algo externo. Atribui-se a Ele o senso comum de Ser Supremo, criador e preservador de tudo o que existe. À parte o viés religioso, precisamos acreditar que o mundo é feito por nós. Por cada pensamento e cada ação que manifestamos. Para salvar o futuro, primeiro é preciso aceitar que são as pessoas que criam o futuro.

Durante a história, sempre houve algo acima ou além da existência humana para justificar a jornada de cada pessoa. É hora de olhar para a nossa vida. Compreender que essa força criativa/criadora (independentemente de qual seja sua crença) está dentro de nós. Aceitar que sim, somos cocriadories por natureza. Somos criadories da nossa vida e cocriadories do mundo a que pertencemos.

E, quando eu digo isso, estou falando em termos práticos. Não estou negando Deus, o carma, as vidas passadas ou mesmo a vida além da matéria. Eu estou dizendo que, se você não decidir como quer empenhar o seu tempo na Terra, nada vai acontecer na sua vida. Se todo mundo agir assim, o mundo não gira. E estou abrindo minha vida aqui para que você possa pensar na sua — não para me colocar como exemplo, o.k.?

Para algumas pessoas, criar o futuro pode parecer uma ilusão. Mas foi isso que aconteceu, várias vezes, ao longo da história da humanidade. Basta olhar ao redor e ver que nossa espécie mudou o ecossistema global de modo radical. Na Idade da Pedra, os seres humanos já experimentavam isso. Modificando a fauna e a flora, levaram diversas espécies à extinção, enquanto outras tornaram-se mais fortes — principalmente a espécie humana. Além da matéria, passamos por uma série de etapas evoluindo em níveis de consciência, em direção ao futuro.

O que acontece com a gente no nível individual é o que acontece com o mundo. As dúvidas, as dificuldades e as incertezas que vivemos se dão também no nível coletivo. Tudo o que acontece com a gente, e à primeira vista parece ruim, pode estar nos preparando para algo que vem pela frente. Está sempre a favor da nossa evolução e nos tornando melhores. Mesmo quando parece que estamos voltando casas, estamos andando para a frente.

Olhar para o mundo hoje pode causar um certo desespero. "Não vai ter futuro", algumas pessoas podem pensar — principalmente as que estão bem informadas ou têm noção de humanidade (não se consideram acima do bem e do mal). Mas tudo o que acontece no mundo também é processo evolutivo. E o que parece estar andando para trás pode servir para a expansão da consciência de muita gente.

O momento que passamos no mundo é chamado de Parivartan, uma palavra sânscrita que se refere a uma grande transformação planetária que está a serviço do despertar da consciência. No aspecto coletivo (como raça humana), estamos nos movendo em direção à tomada de consciência em relação a diversos temas que durante muito tempo estiveram adormecidos e entendendo nosso propósito como espécie.

Filósofes e intelectuais chamam de era caórdica; humanistas, de "revolução humana"; cientistas chamam de "pandemia"; e varejistas, de "crise". Quando olhamos de maneira holística e sem preconceito, vemos que existe uma convergência entre tudo, e uma semelhança com os processos (e as pessoas) que passamos na nossa vida (em momentos de mudança ou transição), com a busca do nosso propósito principalmente.

E quando falo de propósito não estou falando de algo gourmetizado e produtificado que o próprio sistema capitalista resolveu abocanhar. Estou falando do porquê de tudo isso estar acontecendo. Por que estamos aqui. Por que existe vida, por que existe Terra. Já parou para pensar que poderia não existir nada disso, que ninguém nem saberia? Pois não haveria ninguém para saber.

Estamos individual e coletivamente atravessando um momento de mudança de cultura, ciência, sociedade e nas instituições muito maior do que qualquer outra transformação que o mundo já tenha experimentado. Temos à frente a possibilidade de regeneração da individualidade, da liberdade, da comunidade e da ética como ninguém nunca conheceu. De uma harmonia com a natureza, com as outras pessoas e com a inteligência divina (em nós) como o mundo nunca viveu.

Porém essa transição não é fácil. Nossa cultura está totalmente enraizada em padrões antigos, muito destrutivos, que vão contra o nosso desenvolvimento em comunidade. Por milênios operamos a partir de valores como a agressividade, a ambição, a competição e a dominação. Paradigmas muito aclamados nos dias de hoje — como colaboração, transparência, afeto e consciência — são o oposto daquilo com que grande parte de nós nos acostumamos (ou para o que nos treinaram) desde crianças.

Essa dança da coevolução produz resultados muitas vezes caóticos, mas nunca em vão. Produz flores que são fertilizadas por abelhas, e abelhas que evoluem recebendo néctar de flores. Produz tigres que evoluem perseguindo gazelas, e gazelas que evoluem fugindo dos tigres. Produz milhões de criaturas que, das formas mais estranhas, estão adaptadas umas às outras e também ao ambiente no qual vivem, como diz Mitchell Waldrop.

Hoje eu compreendo que, apesar de ter vivido com algumas restrições na infância — e de sempre ter tido que me esforçar, perder, voltar —, havia também alguns fatores que de alguma forma facilitaram a minha ascensão. O fato de ser homem cis, branco... Infelizmente existem questões estruturais que impõem barreiras maiores que as minhas a outros tipos de pessoas. Há algo de perigoso no discurso "tudo pode, só basta acreditar". Mas acredito que, sim, "sonhos sempre vêm pra quem sonhar".

Por isso cada vez mais eu sinto que questões estruturais não devem nos impedir de tentar avançar, de nos unir em torno daquilo em que acreditamos, de manifestar o nosso desejo de mudança, de maneira individual e coletiva. Se existe algo que nos impeça de (ser) realizar aquilo com que sonhamos e em que acreditamos, então é por isso que devemos lutar primeiro. É assim que vamos criando a nossa realidade.

Outra coisa que passei a perceber mais a partir da aceitação dos meus processos internos é que o ser humano é repleto de incoerências e está em constante transformação (integração). É incrível como muitas ideias que trago aqui evoluíram e se transformaram ao longo do processo de escrita. É capaz de que quando este livro for publicado eu já esteja vendo algumas coisas de outra forma. E que bom.

Aceitar que eu erro, me atrapalho, aprendo, volto atrás... me faz aceitar que isso acontece com as outras pessoas também. Me faz lembrar que tudo está em processo, em transformação. Que todes, de alguma forma, estão tentando. Buscando. Estão sempre evoluindo, integrando, se transformando. E isso me dá uma esperança imensa para acreditar no futuro.

Filmes

Eu maior
O documentário traz uma reflexão coletiva por meio de entrevistas sobre questões da sociedade contemporânea e a busca pelo autoconhecimento e a felicidade. "Quem sou eu?", "Qual é o sentido da vida?" e "O que é a felicidade?" são algumas delas.

Mundos internos, mundos externos
Sobre o despertar da verdade, da sabedoria interna e do verdadeiro EU. Fala sobre energia, a expansão do universo, os padrões da natureza, as crises mundiais, a relação entre o visível e o invisível, entre o interno e o externo, além de muitos outros mistérios da nossa existência.

Humano, uma viagem pela vida
O documentário aborda temas como felicidade, propósito, amizade, amor, fé, infância e medo, através de um rico mosaico de entrevistas com pessoas de vários lugares do mundo. As respostas, muitas vezes, emocionam e surpreendem.

Livros

Ansiedade: Como enfrentar o mal do século
Para Augusto Cury, é preciso identificar nossos sentimentos para enfrentá-los e superá-los. Nesse contexto, entender o que te aflige é um dos passos mais importantes do autoconhecimento.

Criatividade para o século 21
O livro traz uma visão quântica para a expansão do nosso potencial criativo. É um verdadeiro manual que integra ciência, consciência e criatividade. Nele, o físico indiano Amit Goswami explica o papel fundamental da intuição, do livre-arbítrio e da criatividade.

Esferas da insurreição
A obra de Suely Rolnik tem como fio condutor o que ela denomina "descolonização do inconsciente". Fala sobre a importância de micro e macropolíticas para lidar com os afetos que se dão sobre nossos processos de subjetivação e demais conceitos apresentados, como linguagem, desejo, imaginação, criação.

Exercite

Como eu disse na introdução, quanto mais sentidos ativados, maiores as chances de nos lembrarmos do que importa. Por isso sempre estimulo, além da leitura em silêncio, ler em voz alta, escrever, ouvir músicas e ver filmes relacionados aos temas abordados. Porque cada pessoa tem um nível de compreensão melhor através de uma mídia.

Agora eu te convido a refletir. Em uma folha de papel, de um lado escreva as coisas de que você precisa abrir mão para viver um novo mundo na sua vida. Do outro, escreva o que você precisa fazer para viver nesse novo mundo.

Para pensar e conversar:
Em qual mundo queremos viver?

make mimimi great again

relaxa descansa militante

Colaborar

"Colabore com o inimigo." A mensagem, que parece sem sentido (apesar de ter muito) à primeira vista, foi o que ficou para mim depois da leitura de *Trabalhando com o inimigo: Como colaborar com pessoas das quais você discorda, não gosta ou desconfia*, que me inspirou bastante para este capítulo.

E a intenção é estranhar mesmo. Como diz o autor, Adam Kahane, logo no início, "se você está trabalhando por um mundo melhor, uma das coisas mais recompensadoras e úteis é virar a sua forma de pensar de cabeça para baixo. Mudar o modo de pensar é a essência da transformação".

Adam é cofundador da Reos Partners, uma empresa internacional para facilitar mudanças sistêmicas efetivas. Conheci a Reos quando fui convidado para participar do Lab Moda Sustentável, uma iniciativa feita no

Brasil para ajudar a encontrar caminhos para uma moda mais sustentável.

Através de uma metodologia própria de mudança sistêmica, esse grupo já colaborou com projetos para educação, saúde e contra o narcotráfico ao redor do mundo.

Participo desde 2017 dessa iniciativa, que acontece por meio de imersões, reuniões e grupos de trabalho com atories importantes do mundo da moda. É um processo no qual pessoas aliadas e com um longo histórico de desconfiança e incompatibilidade de objetivos (às vezes até uma certa rivalidade) podem chegar a um futuro alternativo de forma colaborativa.

Fazem parte do Lab pessoas em posições relevantes no governo, em empresas e organizações da sociedade civil — pense em grupos formados por promotories do Ministério do Trabalho, representantes de sindicatos de costura, de imigrantes e de marcas (algumas já indiciadas por trabalho análogo ao escravo), além de jornalistas com experiência em denúncias trabalhistas, na mesma mesa conversando para buscar alternativas para um futuro melhor na moda.

Essa experiência me trouxe um grande aprendizado e a certeza de que, se queremos resolver algo crítico, precisamos (sentar à mesa) nos conectar, colaborar e dialogar com as pessoas que pensam diferente da gente, que costumamos ver como opositoras. A necessidade de mudar, muitas vezes, é o único consenso possível — mas cada pessoa acha que tem o melhor caminho para isso.

A colaboração tem sido apontada como uma das grandes tendências do mundo. Percebo isso também, mas acredito que vá bem além. A colaboração para mim é uma das formas mais importantes para salvar o futuro. Você já deve ter ouvido o provérbio "se quiser ir rápido vá sozinho, se quiser ir longe vá em grupo". É isso: para irmos longe precisamos ir em bando.

Mas, além de ser uma necessidade, colaborar é uma grande dificuldade. A maneira tradicional como imaginamos a colaboração é uma utopia — um trabalho harmonioso em equipe somente com pessoas que pensam e agem de forma semelhante. No mundo, assim como na natureza, as conexões se dão constantemente entre "diferentes", que se complementam e são responsáveis por fazer o todo. O conflito é inerente ao processo.

Eu acredito que nascemos e viemos para cocriar o mundo. Mas isso não é fácil. Não é algo tão natural, como eu já cheguei a romantizar durante um tempo. Mesmo. Isso porque, além do processo coletivo, cada pessoa vive um processo individual. Como falei no capítulo "Antes de começar", as mudanças acontecem nas pessoas, depois no grupo, até que se tornem sistêmicas. O lance é que na maioria das vezes esse processo não é linear. É tudo junto e ao mesmo tempo. E para cada pessoa é de um jeito.

Descobri que meu maior desafio na colaboração é me reconhecer no lugar da outra pessoa. Até que fui entender a raiz: primeiro eu precisava (e ainda preciso muito) me reconhecer. Esse é o maior desafio (da maioria de nós).

Seja nas situações de colaboração, seja com os trabalhos diários (é assim para muita gente também). Outro grande desafio é a necessidade de controle que sentimos.

Quando a outra pessoa é totalmente desconhecida, diferente, não há controle. Até que fui entendendo que isso é bom. De forma controlada não conseguimos resolver situações complexas, simplesmente porque não podemos resolver os problemas com a mesma cabeça com que os criamos. E esse é um dos maiores valores de colaborar com diferentes.

Mas desde crianças nos incentivam a pensar que precisamos formar grupos de iguais. Nos jogos, grupos da escola, na política... Aprendemos que devemos impor nosso posicionamento e buscar formas de derrotar a concorrência ou quem pensa diferente de nós. Isso é péssimo.

Por outro lado, é muito legal quando formamos um grupo de "iguais" e cocriamos com pessoas em sintonia. Mas não podemos ficar somente nessa zona de conforto. É preciso abrir mão de fantasias de harmonia, certeza e concordância nos processos de colaboração e cocriação.

Dizem que estamos vivendo o século da conexão. Ao mesmo tempo vemos uma fragmentação muito grande. Vivemos tempos complexos, conflituosos — nos grupos de família e nas mesas de bar. Com a polarização (política, ideológica, econômica, social...) tendemos a procurar pessoas que pensam como nós e a rejeitar tudo o que é diferente.

Porém a exclusão é algo totalmente nocivo no processo cocriativo. Temos que cuidar para não nos fecharmos em grupinhos. Militando sobre desigualdade de gênero, racismo, direitos LGBTQIA+, indígenas ou dos animais, lutamos contra a marginalização e a ideia de que alguém (ou nação, gênero, raça, espécie) tenha o direito de diminuir, dominar e explorar quem está ao seu redor. Temos que tomar cuidado para não reproduzir o processo excludente que nos incomoda.

Existe a crença de que para (colaborar) salvar o futuro é preciso ter uma visão única compartilhada entre todas as pessoas. Que todas as pessoas devem estar caminhando rumo ao mesmo objetivo. Esquece... Isso não vai acontecer nunca. Somos criaturas únicas em estágios de vida planetária e consciência únicos. Mesmo as pessoas com que você tem afinidade e que pensam exatamente igual a você sobre determinado tema podem discordar totalmente em outros.

Mas ninguém (e nenhum grupo) é superior a ninguém. Por exemplo, pessoas veganas não são melhores do que as carnívoras nem são as únicas pessoas que podem salvar o futuro. Até porque, mesmo sem comer carne (ou consumir outros produtos de origem animal), existem diversos outros hábitos que podem ser piores que esse para o futuro. Pessoas veganas e carnívoras devem se complementar na tentativa de salvar o futuro.

Acreditamos que evoluímos de acordo com a seleção natural de Darwin, o que nos levou a dar muita importância à competição. No entanto, estudos da biologia celular realizados por Lynn Margulis e sua equipe constataram que evoluímos tanto da competição quanto da cooperação.

Margulis foi uma bióloga que passou a vida estudando a simbiose — quando duas espécies diferentes vivem em dependência. A simbiose está em toda parte. Desde as bactérias que ajudam a fixar nitrogênio nas raízes das plantas até os fungos que transmitem a comunicação entre diferentes flores polinizadas por insetos. O corpo humano é outro exemplo.

Olhando bem de perto, Margulis descobriu que o primeiro passo da evolução da célula unicelular para a multicelular aconteceu não através de mutações, mas sim de combinações de microrganismos, da simbiose entre eles. Ou seja, a vida complexa surgiu da cooperação. A evolução a partir da simbiose é uma comprovação científica de que a vida é interdependente e requer cooperação mútua entre diferentes formas de existência.

Mais uma vez podemos ver que na natureza (somos natureza) cada elemento se apoia. Organismos e organizações evoluem em conjunto, e não independentemente. Cada pessoa tem seu papel para fazer esse grande ecossistema funcionar. Colaborar para cocriar tem a ver com uma enorme humildade e aceitação da nossa natureza humana e plural.

Assim como não tem ninguém mandando na natureza para que ela aja, não tem ninguém traçando objetivos únicos planetários. Ninguém está fazendo planilhas e cronogramas de mudança para que em comum acordo possamos seguir. As necessidades, as dificuldades, as oportunidades, ao redor do mundo, são inimagináveis. Na natureza isso ocorre há milhares de anos. Nós estamos engatinhando...

Tive a experiência de cofundar o maior espaço de moda colaborativa do Brasil. Foi uma das experiências mais enriquecedoras da minha vida, mas igualmente desafiadora. Eram muitos desejos e pautas diferentes para ser atendidos. Ali vi pessoas (e me vi em alguns momentos) apegadas a valores antigos, com medo de concorrência, de compartilhar sonhos e ideias. Poucas com uma disposição genuína em abrir mão de suas verdades para criar uma nova verdade coletiva. Senti que muita gente não estava preparada para aquilo. Eu não estava preparado também.

Decidi sair, abrir mão do meu investimento, do projeto, assumindo a responsabilidade da minha decisão como um fator pessoal, porque eu percebi que naquele momento (ainda) não daria certo. Eu aprendi muito ali. Reconheci vários pontos em mim que precisava melhorar. Várias portas e janelas que precisava abrir — para mim e para as pessoas.

Ao longo de toda a minha trajetória sempre me esforcei para evoluir, ter empatia, me abrir... Aprendi que, na maioria das vezes, é preciso abrir mão de tentar mudar o que outras pessoas estão fazendo ou pensando para mudar a nós mesmos.

Existe uma conotação espiritual de que a pessoa que mais nos desafia, que mais nos tira do sério (rs), é quem nos proporciona a maior chance de aprendizado e evolução. Nem que seja através da compaixão e do amor. Aceitar isso é bem desafiador. Compreender é um sinal de que se está avançando casas em direção à cocriação de um futuro coletivo.

Muitas vezes é assustador e muito desconfortável. Um exemplo da dificuldade de lidar com pessoas completamente diferentes são os presidentes que ocupam a liderança de países importantes no mundo e que parecem ir contra tudo o que estou falando aqui. É preciso encarar a dificuldade do sofrimento político e humano do mundo neste momento e acreditar que será para o bem da nossa evolução. Mas como? Mudando nosso olhar diante do conflito.

A minha forma de ser propositivo é pensar que essas pessoas estão nesses lugares para revelar (expurgar) tudo de pior que pode haver na humanidade. Elas nos mostram uma face (nossa) da espécie humana que não gostamos de ver, que às vezes preferimos ignorar. Trazem à tona situações, amarrações e fatos que antes eram velados, mas que (muitas vezes) ainda representam uma grande maioria.

Dessa maneira fazem com que mais pessoas (reconheçam) tenham acesso a tais informações, contribuindo para o processo individual e coletivo de expansão de consciência. E uma vez que tais coisas estão expostas, escancaradas, elas pedem para a gente agir.

Um exemplo foram as queimadas na Amazônia durante o governo Bolsonaro em 2019. O dia do fogo, a chuva preta em São Paulo, fez uma prática recorrente há anos ganhar visibilidade mundial. Nunca se falou ou militou tanto pela Amazônia como depois disso. Muitas pessoas passaram a entender a relação entre queimadas, pecuária, governo, aquecimento global... Várias tomaram isso como motivação para mudar hábitos de consumo, de alimentação... E para se opor ao sistema. Cobrar ações e atitudes — inclusive políticas.

Quando uma situação desafiadora assim acontece (também é difícil para mim, acredite) nos sentimos atacades e temos a tendência a (atacar) olhar para o que as outras pessoas estão fazendo "de errado" de acordo com as nossas crenças. Mas muitas vezes essa situação é um convite para olharmos para o que nós estamos fazendo de insuficiente, errado, ou digamos incoerente com quem somos e com o que acreditamos.

Pode ser também um convite para uma ação propositiva. "O que estamos fazendo (ou estamos deixando de fazer) que contribui para a devastação da Amazônia?" É esse questionamento que a situação deveria despertar. Não para impor qualquer tipo de culpa às pessoas, mas para refletir sobre como individualmente podemos impactar no todo.

Geralmente culpamos e inimizamos, mas não agimos. Isso é o que deve ser observado. Quando não é, não curamos o que há de ser curado dentro de nós (como indivíduo ou comunidade). Daí "o inimigo" é derrotado, a paz e a calmaria se estabelecem, mas é (uma ilusão) algo momentâneo, pois o que de fato deveria ser curado não foi. Como exemplos temos a escravidão e a ditadura. "Passou", as pessoas responsáveis não estão mais aqui, mas as feridas continuam e voltam a doer.

Podemos não ter concordância, mas precisamos seguir avançando. Perder a fé em nossos governos e instituições faz com que recuperemos a fé em nós e nas pessoas (isso é algo de bom também que esses governos podem nos proporcionar). Isso nos afasta da tendência de buscar um plano perfeito, com apenas um todo dominante, para criar cenários com diversos cocriadories.

Novos arranjos sociais e novas formas de relacionamento que honram (e não isolam) a interdependência e a individualidade de tudo e todos estão surgindo. A colaboração talvez seja uma das nossas maiores e mais primitivas forças. É sabido que ancestrais da nossa espécie viviam em comunidade. O futuro pode ser um resgate do que fomos lá atrás, como acontece em lugares ou civilizações menos urbanizados — eu (vi)vi isso na Amazônia, em Piracanga e na Índia.

Quanto mais importante o assunto, mais diferentes serão os pontos de vista. Mais necessário e difícil será colaborar. Mas não podemos desistir. Esse é o único caminho. As mudanças começam na esfera individual, depois nos grupos, até chegarem aos sistemas. Não conseguiremos fazer mudanças sistêmicas sem conexão e união. É por meio do aprendizado individual e coletivo que avançaremos.

Com o tempo vamos entendendo que, para salvar o futuro, é preciso respeitar a Terra e a vida em toda a sua diversidade, fazendo pontes, estabelecendo diálogos, cuidando de comunidades e atuando politicamente. O caminho mais provável tem a ver com construir sociedades democráticas unidas e participativas.

Filmes

The Altruism Revolution
O filme traz os avanços científicos de pesquisas sobre altruísmo e cooperação que neurocientistas, profissionais da psicologia, geneticistas e diversos especialistas realizaram para comprovar que o serviço para o bem da comunidade é um importante fator de evolução.

Democracia em vertigem
Esse documentário brasileiro, indicado ao Oscar em 2020, narra histórias de partidos, alianças, disputas e a colaboração como forma de fazer política. A cineasta Petra Costa testemunha a ascensão e a queda de um grupo político e a polarização do Brasil.

The Square
Ganhador do Emmy, o filme retrata o Egito na Primavera Árabe. Em 2011, a revolução popular foi responsável por derrubar dois governos diferentes. O longa traz uma visão social e política das manifestações, mostrando o papel do povo e dos militares durante a disputa.

Livros

O poder da empatia
Roman Krznaric nos mostra que a empatia tem o poder de curar relacionamentos desfeitos, derrubar pre-

conceitos, nos fazer pensar em nossas ambições e até mesmo mudar o mundo.

Trabalhando com o inimigo: Como colaborar com pessoas das quais você discorda, não gosta ou desconfia
Para Adam Kahane, a maneira como imaginamos a colaboração — um trabalho harmonioso em equipe — é um fator limitador diante das complexidades de nossa época. Nesse livro, o autor sugere que adotemos uma nova abordagem, a chamada colaboração estendida.

Como resolver problemas complexos
Ao contar suas experiências na solução de problemas, usando exemplos de famílias, corporações, governos e organizações, Adam Kahane esmiúça e nos convida a buscar um caminho transformador, no qual possamos falar abertamente com o coração.

Escuta ativa

A seguir algumas formas de aproveitar uma conversa para o crescimento pessoal.

Escute como quem quer aprender
Encare uma conversa sempre com coração, cabeça e ouvidos abertos. Mesmo que você não concorde, mesmo que você considere o ponto de vista da outra pessoa muito diferente do seu, toda conversa é uma oportunidade para aprender algo novo.

Encare as discordâncias como oportunidades
Discordar faz parte do processo de individuação. Cada pessoa é de um jeito e pensa de um jeito, isso não podemos negar. E em cada conversa há um novo ponto de vista te esperando, que pode representar uma oportunidade de crescimento.

Pergunte mais antes de opinar
Antes de oferecer prematuramente o seu ponto de vista, tente investigar mais sobre o que faz a pessoa agir/pensar/reagir de determinada maneira. Se você tiver mais interesse em compreender do que em ser compreendide, maiores são as suas chances de aprender com uma conversa.

Não se importe de mudar de opinião
Abra-se à possibilidade de trocar de ideia, mudar de opinião. Não há nada de mal nisso. Aprender nem sempre é fácil, mas estamos sempre em processo para isso. Ninguém detém todas as verdades. E, se você percebeu que errou, admita seu erro.

> Para pensar e conversar:
> **Como podemos trabalhar juntos para solucionar os problemas que criamos?**

Descolonizar

Trabalhando com marketing digital no início dos anos 2000, eu vi a internet surgir e transformar todas as nossas relações. O poder da autopublicação e o surgimento das redes sociais ampliaram a consciência das pessoas e as encorajaram a "botar para fora" suas opiniões. Desde então todo mundo começou a sair do armário (as pessoas boas e as más).

O Facebook ganhou o status de grande mural de lamentações — uma espécie de reunião de reclamações e frustrações. Mas também de denúncias e circulação de histórias particulares de muita dor, frustração e violência de todos os tipos. Eu particularmente acho que colocar a boca no trombone é ótimo (o que não tem a ver com fake news). E é muito provável que quem lamenta esse movimento seja alguém que passou a vida fazendo bullying ou "piadinhas inofensivas" com grupos tidos como minorias (ou melhor, minorizados, pois nem sempre representam a minoria).

Acredito que de fato as pessoas devam se expressar, mesmo que essa ação gere conflito (o que é diferente de exposição e linchamento virtual sem fundamento), pois somente assim é possível promover sensibilização, pensamento, crítica e por fim mudança na consciência. Muitas vezes são denúncias de comportamentos e ações normatizadas pela sociedade, mas que geram grande mal-estar em corpos e almas.

À frente das marcas em que trabalhei, foram várias as vezes em que tive que atuar em algum conflito, resultado de racismo, homofobia, gordofobia e outros preconceitos estruturais que fazem parte de nossas vidas há muito tempo, mas que agora começaram a ter a chance de ser expurgados.

Uma dessas situações ocorreu em 2014, pouco antes de eu sair da marca FARM. Na circunstância, a marca foi acusada de racismo nas redes sociais — como contei em *Moda com propósito*. Para ajudar a resolver a questão, convidamos um grupo de mulheres negras, que estavam ativas nas críticas, para conversar. A intenção era ouvir suas experiências e traçar ações que não se limitassem a um pedido de desculpas. A conversa começou assim:

> Talvez vocês nunca entendam o que será dito aqui, porque vocês não são negros. Mas vocês precisam acreditar, quando um negro disser que foi ofendido e magoado, ele foi.

Porque vocês não entendem o que, gerações após gerações, nós passamos. Hoje é como se estivéssemos tão machucados, como se a nossa pele estivesse tão queimada, que até um carinho machuca.

Depois, cada uma das mulheres nos contou um pouco de sua história. E foi muito forte perceber o que elas sentem. Perceber quanto toda produção cultural (das marcas, da mídia, do entretenimento...) tem o poder de (salvar) ser incrível ou provocar um imenso estrago na vida de alguém.

Senti isso quando uma delas contou que viu seu cabelo natural pela primeira vez ao completar dezoito anos. Desde pequena ela tinha o cabelo alisado pela mãe (que talvez, com boa intenção, tenha se esforçado para facilitar a vida da filha, enquadrando-a no que algumas pessoas veem como padrão), até que, ao ver a atriz Taís Araujo protagonizando uma novela com o cabelo cacheado, ela desejou se libertar. Ao completar dezoito anos, raspou o cabelo que durante uma vida inteira não tinha sido o dela e deixou seus fios verdadeiros crescerem livres no mundo.

Essa foi apenas a pontinha de uma série de transformações na vida dessa mulher. Essa é a força das imagens que criamos, das histórias que contamos (ou repassamos). Elas podem ajudar a construir ou reforçar padrões opressores — que muito têm a ver com culturas colonizadoras que nos foram impostas — ou a nos libertar.

O impacto na vida das pessoas (para o bem ou para o mal) é imensurável. Isso porque o nível de consciência, de estofo emocional e espiritual, a maturidade e o processo de vida de cada pessoa são diferentes. Cada pessoa reage de uma maneira às imagens e às mensagens que criamos a todo momento — e não só como marcas, mas como pessoas também, no nosso dia a dia, nos nossos relacionamentos, olhares...

Ao perguntar como elas gostariam de ser representadas, foram unânimes:

> Queremos continuidade. Queremos ver modelos e histórias de negros em todas as coleções. Que elas não sejam apenas adornos de uma passagem. Queremos ver vendedoras negras e também com outros padrões de corpos e belezas nas lojas. Queremos respeito e sensação de igualdade ao sermos atendidas. Queremos nos sentir parte do todo, e não uma cota.

A inclusão é o primeiro passo para naturalizar grupos invisibilizados. É preciso criar espaços. Não só em campanhas, mas abrir vagas para pessoas negras, trans e com deficiências, por exemplo, é muito importante. Lembro que, quando começamos esse movimento na FARM, uma menina falou: "Ué, mas negro pode trabalhar na FARM?!". Certamente ela pensava isso por nunca ter visto uma pessoa negra trabalhando lá. Como então ela iria se aproximar?

O assassinato brutal de George Floyd, um homem negro e desarmado, por um policial branco iniciou uma série de protestos e manifestações no mundo todo em meados de 2020. Sob o lema "Vidas negras importam", o movimento Black Lives Matter, criado em 2013, fez com que muitas marcas se posicionassem com mensagens nas redes sociais, despertando um sentimento coletivo de que somente "falar" não é suficiente.

É hora de agir. Para além das mensagens de apoio, marcas e pessoas foram questionadas sobre alianças e conexões políticas com figuras que diariamente reforçam o racismo, enquanto outras foram cobradas por suporte financeiro à causa e inclusão de profissionais em estruturas organizacionais.

Se naturalmente a diversidade não acontece, é preciso buscá-la. Lembro de uma vez ter me queixado com uma pessoa negra: "Mas a gente anuncia as vagas e não vêm negros nas entrevistas". E ela me disse: "Pense no porquê disso. Ou você não está comunicando nos lugares que chegam a essas pessoas, ou então vocês estão criando barreiras em tudo o que fazem como marca".

Hoje percebo alguma mudança acontecendo em várias empresas. Principalmente nas grandes, que têm mais facilidade de se comunicar com grupos mais diversos. Em 2020 vimos algumas criando programas específicos de contratação de pessoas negras, gerando imensa (resistência) polêmica por parte de alguns grupos que foram sempre privilegiados. Mas o ganho é positivo para todos.

Um estudo da consultoria McKinsey indica que empresas cujas equipes prezam pela diversidade têm desempenho 57% melhor do que a indústria em geral.

Uma conversa que acompanhei nas redes sociais me fez refletir muito: alguém perguntou "e se fosse o contrário, se fosse somente para brancos?", e outra pessoa respondeu "mas sempre foi somente para brancos" — por conta da seleção que começa a segmentar o público já nos requisitos da ficha de inscrição que exigem fluência em outros idiomas, nível superior e experiência com intercâmbio, por exemplo, recortando grupos cada vez mais específicos.

Com tudo isso, fica cada vez mais claro para mim que vivemos em uma sociedade com sérias questões estruturais de exclusão. "O racismo é um sistema de opressão que nega direitos, e não um simples ato da vontade de um indivíduo", como diz a filósofa e escritora Djamila Ribeiro em seu *Pequeno manual antirracista*. Ele é resultado de um sistema que distorce os padrões e a natureza de pessoas para garantir a manutenção do interesse de outras, baseado na noção eurocêntrica de superioridade do homem, branco e cis. Descolonizar essa imagem — através da descolonização de espaços, do pensamento e do conhecimento produzido e distribuído — é urgente.

"É preciso ressaltar que mulheres e homens negros não são as únicas vítimas de opressão estrutural: muitos outros grupos sociais oprimidos compartilham experiências de discriminação em alguma medida comparáveis", completa Djamila. Isso acontece há séculos, e a falta de reflexão muitas vezes contribuiu para perpetuar essas estruturas.

Tão importante quanto a noção da opressão estrutural (para que possamos entender como combatê-la em nível sistêmico) é a de que sempre carregamos algum tipo de privilégio. Pessoas negras, mulheres, pessoas com deficiência, indígenas, homossexuais, pessoas trans e até animais não humanos estão à margem das normas regulatórias e, por isso, fazem parte do mesmo sistema de diferença, mas dentro desses grupos há os que valem (aos olhos da sociedade) mais do que outros. Havia meninas naquela conversa sobre racismo que são do mesmo bairro em que eu nasci, mas, por serem mulheres e negras, a vivência foi diferente para elas.

Eu sou um homem cis branco, e isso me dá uma série de privilégios, mas me coloca em desvantagem em alguns momentos quando comparado a outros homens brancos heterossexuais, por exemplo. Esse é um ciclo que nunca termina.

Enquanto estou escrevendo este capítulo, passou pela minha timeline do Instagram a foto de um casal de homens (@fredleodora), com seus dois filhos adotivos. Na legenda:

> Quando eu cheguei no planeta Terra, essa família era impossível. Não era permitido, em lugar algum, que dois homens se casassem, pelo menos até 1989, quando o casamento

igualitário foi reconhecido na Dinamarca. A adoção homoparental demorou mais ainda e só foi legalizada pela primeira vez em 2001, na Suécia. No Brasil, esses dois direitos chegaram para a população LGBTQ+ em 2009 e 2011. Hoje comemoro meu aniversário de casamento, com dois filhos maravilhosos, graças a todos que lutaram pela nossa existência. Obrigado às afeminadas, travestis, ativistas, lésbicas, pretas e a todos que sofreram a violência, a perseguição e o isolamento que eu nunca precisei sentir. Desse lugar de extremo privilégio, de colher os frutos plantados pelos que vieram antes, é muito fácil esquecer da nossa história. Este é um lembrete também para mim.

Eu só pude pensar, com um sentimento de gratidão imensa por essa grande conquista, em todos que não estão mais aqui. Tantas pessoas que desempenharam papéis importantíssimos para que pudéssemos evoluir como sociedade desde quando se acreditava que homossexualidade era doença.

Pessoas que sofreram tratamento de choque, passaram por internações, rejeições, morreram... Tantas outras que, por falta de opção, viraram profissionais do sexo, ou que foram escravizadas, com direitos sequestrados, para que eu possa escrever com orgulho neste livro que sou gay e que reconheço isso como algo determinante, na minha trajetória, para quem eu sou hoje.

Não pude deixar de pensar no meu preconceito com meus pares. No quanto já posso ter excluído (nem que seja por não ter me aproximado) outras pessoas gays — e as demais letras da sigla LGBTQIA+.

Tenho pensado muito na luta das pessoas trans, que foram protagonistas fundamentais no início do movimento — e, mesmo assim, dentro da comunidade são as pessoas que sofrem mais violências (de todos os tipos) e têm a menor expectativa de vida. Não dá para imaginar o que é nascer com um corpo (ou seria uma corpa?) e não se identificar (isso apenas como um exemplo, pois a não identificação pode ir muito além do corpo). Como se não bastasse tanto sofrimento, a sociedade ainda faz tudo ficar pior, criando estereótipos, excluindo, sexualizando ou fetichizando essas pessoas.

O Dia da Visibilidade Trans, dia 29 de janeiro, surgiu em 2004, quando pela primeira vez 27 pessoas trans entraram no Congresso Nacional para defender a pauta travesti e exigir respeito. Isso já faz dezesseis anos, e ainda hoje essas pessoas são preteridas em contratações, expulsas do banheiro que querem usar — como aconteceu no início de 2020 no banheiro de um shopping em Maceió com uma mulher trans, caso que ganhou as redes sociais, mas que deve acontecer todo dia.

Entender nossos lugares de privilégio é importante e essencial. Mas não para alimentar qualquer tipo de culpa individual, como diz Djamila; o objetivo é se responsabilizar: "Diferente da culpa, que leva à inércia, a responsabilidade leva à ação". Para desnaturalizar o olhar de violência sistêmica, valorizar espaços, pessoas, movimentos... No meu caso, como homem branco, cis, homossexual, tenho buscado cada vez mais entender como agradecer, ouvir e agregar pessoas trans, bissexuais e as demais letras, que foram tão importantes para o movimento LGBTQIA+ e, como consequência, importantes para todes.

Escrever este livro utilizando linguagem neutra, buscando desconstruir a predominância do que reconhecemos como gênero masculino na escrita, foi extremamente desafiador. O assunto ainda divide opiniões, afinal, não existem sistemas inclusivos que sejam adotados como normas oficiais pela língua portuguesa, e com frequência enfrenta-se o preconceito de achar que os novos sistemas privilegiam somente pessoas não binárias. Mas a neutralidade tem como premissa não excluir nenhuma das identidades.

Atualmente usamos o (que reconhecemos como) masculino para referência geral (exemplo: "todos", referindo-se a um grupo de homens e mulheres) e para designação específica daqueles que são identificados como homens. O feminino é apenas específico (exemplo: "todas", para um grupo somente de mulheres). E o não binário não tem vez — pois a própria linguagem é binária, classificada em masculino e feminino.

Isso pode sugerir, simbolicamente, um peso e uma participação maior do que reconhecemos como linguagem masculina. A palavra "homem" e outras reconhecidas como masculinas são constantemente utilizadas para designar todos os seres humanos, e não apenas os que se identificam como homens (exemplo: "O impacto do homem no planeta").

Expressões como "somos todos seres humanos", "ser humano é ser com os outros" e "eu sou o que sou somente porque o outro é", que eu adoraria usar neste capítulo para reforçar conceitos de unidade e identidade, dentro de uma nova perspectiva não sexista, não reforçam nem uma coisa nem outra.

O filósofo russo Valentin Volóchinov diz que a língua se estrutura a partir das necessidades comunicativas de uma comunidade. Ela é um fato social bastante ligado às estruturas sociais e reflete o pensamento de um povo. Se determinado povo elegeu o macho como superior à fêmea, esse povo é machista, e a língua falada por esse povo terá as marcas do machismo em sua estrutura. Ou seria tudo isso uma grande coincidência dentro de uma estrutura patriarcal dominante?

A linguagem utilizada neste livro, chamada de linguagem inclusiva/neutra, busca desconstruir simbolicamente essa noção de superioridade do homem sobre mulheres e pessoas não binárias. Ela tem sido construída de forma coletiva por pessoas que se importam com tais generalizações e experimentada na intenção de ser mais inclusiva, sem hierarquizar o masculino acima do feminino e do não binário; sem tratar alguém pelo gênero com o qual não se identifica. Apesar de ser algo novo e que ainda não vi ser usado na literatura, eu não teria como fazer diferente, principalmente neste livro, que parte de uma forte crença sobre a necessidade de libertar todes es seres.

Agora pense aí, como é para você receber isso? Como é a experiência de fazer uma leitura desta forma? Pode ser que seja estranho ou desconfortável, como foi para diversas pessoas a vida toda. Mas, no seu caso, pode ser apenas uma questão de costume. Em outros casos pode ser falta de identificação.

Para mim, a experiência de ler algo assim — ou de escrever, revisar e trocar palavras como "homens" ou "humanos" por "pessoas" — me estimula a vigiar minha leitura de mundo, minhas ações e pensamentos em relação a todes que existem e me rodeiam. Perceber que realmente todas as pessoas são únicas. Observar os lugares em que sou oprimido, mas reconhecer (ter atenção a) o meu lugar de privilégio. Acolher subjetividades.

Como diz a ativista feminista negra Aph Ko, "ser membro de uma classe oprimida não te isenta também de oprimir. Devemos nos abster de ficar falando, confortavelmente, apenas da nossa própria opressão específica". É preciso união.

E nessa relação sempre haverá alguma vantagem ou desvantagem no que diz respeito a um papel social exercido. Mas precisamos, a partir do lugar em que estamos, ajudar a descolonizar o futuro — das mais diversas formas.

Filmes

Revelação
O documentário reúne depoimentos de profissionais da indústria do cinema e da televisão que revelam um aguçado olhar sobre os estereótipos da representatividade de pessoas trans em filmes e séries.

Crip Camp
Um acampamento de verão inovador motiva um grupo de jovens com deficiência a criar um movimento em busca de novos caminhos para um mundo com mais igualdade.

A história do racismo
Dividido em três partes, *A cor do dinheiro*, *Impactos fatais* e *Um legado selvagem*, o documentário apresenta a história do racismo e suas consequências no mundo.

Livros

Um apartamento em Urano
Um dos pensadores mais radicais e indispensáveis da atualidade, o filósofo trans Paul B. Preciado apresenta uma seleção das suas "crônicas da travessia", textos que acompanharam seu processo de transição de gênero.

Pequeno manual antirracista
A filósofa e ativista Djamila Ribeiro trata de temas como atualidade do racismo, negritude, branquitude, violência racial, cultura, desejos e afetos.

Oportunidades invisíveis: Aprenda a inovar com empresas que apostam na diversidade e geram riquezas
Nesse livro, Paulo Rogério Nunes mostra a história de pessoas no Brasil e no exterior que conseguiram enxergar além do óbvio em seus empreendimentos, com iniciativas inovadoras, tendo a diversidade como um grande ativo.

Conversa mais responsável

A discriminação e o preconceito estão inseridos de várias formas na nossa sociedade. Algumas palavras, perguntas e expressões reproduzem discursos desrespeitosos (mesmo quando não são usados de forma intencional) e preconceituosos. Ou que no mínimo despertam emoções ruins em homossexuais, pessoas trans, gordas, com deficiência, negras...

Denegrir: palavra usada com o sentido de desqualificar, caluniar. Era um termo racista usado no Brasil escravocrata e insinua que "negro" é algo ruim.

Mercado negro: expressão usada para algo ilegal ou ilícito. Aqui, "negro" é usado com conotação negativa.

Lado negro ou *coisa preta*: expressões usadas para algo negativo ou desfavorável, mais uma vez coloca o negro com conotação negativa.

Homossexualismo: o sufixo "-ismo" sugere condição patológica (doença). O correto é dizer "homossexualidade".

Gordice: termo usado para se referir a alguém que exagera na comida, com conotação negativa, como se agir como alguém gordo fosse algo inaceitável.

Ela parece muito homem/ele parece muito mulher: essas falas, muitas vezes usadas como elogios a pessoas trans, sugerem que a pessoa tem a intenção de "parecer" ou "se passar" por algo que não é (há também quem diga: "Jura que você é trans? Nem parece!", "Nossa, engana bem, hein!" tsc).

Virou homem/virou mulher: é um tipo de comentário infeliz quando destinado a pessoas trans binárias, pois elas não sentem que estão "virando", e sim que "são" homem ou mulher, mesmo que o corpo físico não acompanhe.

Retardado/retardada/fingindo demência/joão sem braço/ que mancada/"tá surdo?! cego?!": são algumas expressões capacitistas, que reforçam preconceitos a pessoas com deficiência, sugerindo castigo, problema ou desvio ético.

Para pensar e conversar:
Como tenho usado meu lugar de privilégio?

Equilibrar

Marina e Gui são um casal com quem desenvolvi o hábito de assistir filmes em grupo e depois conversar sobre eles. Também lemos livros que nos interessam para trocar impressões. Em uma de nossas viagens a Ilhabela, num dia meio nublado, sentamos na praia para ler em voz alta *Mulheres que correm com os lobos*.

O clássico feminista de Clarissa Estés traz uma série de contos, seguidos de análises feitas pela autora-psicóloga. Como sempre, foi uma experiência bem enriquecedora. O Gui desenvolve projetos para combater a masculinidade tóxica, ajudando a construir pontes de diálogo entre diferentes. A Má se dedica há alguns anos a trabalhar com mulheres, despertando o potencial criativo delas para atuar em marcas e projetos artísticos que queiram pautar o feminismo como causa. Ali, trouxemos um pouco do nosso olhar para a mesa, ou melhor, para a areia.

O livro apresenta uma narrativa bem particular sobre o universo feminino, e foi interessante a experiência de lê-lo em um grupo formado por um casal de homem e mulher cis, heterossexuais e (eu) um homem cis homossexual. Percebemos que, apesar de alguns temas serem bem distantes da nossa realidade, eu e Gui, mesmo com orientações sexuais diferentes, tínhamos uma visão muito próxima (certamente pela criação e cultura que nos rodeia desde sempre e pelos privilégios do nosso papel de homem na sociedade).

Algumas das nossas visões e interpretações eram quase opostas às da Má. Às vezes era difícil compreender algumas subjetividades da interpretação, simplesmente por não termos a experiência de ser mulher, mas concordamos — em um papo que foi até altas horas da noite — que, mesmo que haja diferentes pontos de vista, arraigados culturalmente por muitas e muitas gerações, nada justifica ranquear opiniões e papéis de homens e mulheres. E muito menos estabelecer ou reforçar estruturas de poder baseadas nisso.

Trocamos muito sobre feminismo, sobre a presença do homem tóxico na sociedade — para além dos relacionamentos: nas empresas, nas instituições, na política... Deitei para dormir pensando no quanto toda nossa cultura foi institucionalizada com base em um modelo binário, colocando o homem branco, cis, hétero, provedor e carnívoro do lado mais forte da corda. Do outro lado, tudo o que "está livre" para ser diminuído, reprimido e explorado.

Mesmo sendo um homem cis branco, não posso deixar de reconhecer o quão maléfico para o futuro é o modelo patriarcal vigente, baseado muitas vezes em uma visão tóxica de masculinidade, no qual eu, como homossexual, muitas vezes também sou oprimido (e como homem devo oprimir, usando meus privilégios que nem sempre enxergo, por serem estruturais). Minha intenção aqui é mostrar o quanto este sistema de opressão representa uma ameaça a todas as pessoas — inclusive para esse grupo de homens brancos (mesmo que eles não se deem conta).

O documentário *The Mask You Live In* [A máscara em que você vive] propõe uma reflexão sobre a construção nociva do conceito de masculinidade em nossa sociedade e mostra, de forma impactante e comovente, o modo como a cultura, a escola e a família contribuem para a perpetuação de práticas sexistas e homofóbicas.

Estereótipos ligados à noção de "ser homem", que deturpam valores masculinos e desencorajam os homens a falar sobre seus sentimentos, angústias e dores, estão presentes no dia a dia em expressões como "não seja medroso", "seja forte", "isso é coisa de 'mulherzinha'". Há também aquelas que podam valores tidos como femininos, determinando o padrão e a forma de ser: "homem não chora" e "seja homem".

Como consequência, essa doutrinação moral pode causar danos por toda a vida: estaremos "fabricando" meninos que no futuro se tornarão homens fechados emocionalmente, isolados, deprimidos e inseguros na sua própria masculinidade, e que por esse motivo precisam reafirmá-la constantemente.

Para entender mais a fundo, tenho como principal fonte de pesquisa para o tema a pesquisadora Vandana Shiva, que se dedica a explicar como a visão machista e o patriarcado capitalista — que rege o sistema político, social e econômico — são os grandes responsáveis pela destruição do planeta, assim como pela falta de direitos e oportunidades para as mulheres (e eu diria que também para demais identidades e até outros seres não humanos).

Ela aponta que esse sistema tem a tendência de polarizar a realidade, gerando um ambiente de competição e opressão em várias perspectivas da nossa vida (homem × mulher, progresso × natureza, ser humano × animal...). Sua pesquisa defende que toda a humanidade tem valores considerados masculinos e femininos na sua identidade — independentemente de gênero ou orientação sexual (vale lembrar que não estamos falando aqui de valores "das mulheres" ou "dos homens"), e que estes estão desequilibrados.

O feminino representa, entre tantas coisas, a aceitação e a receptividade. Quando distorcido, pode se transformar em submissão. O masculino é ação e realização. Quando distorcido, se transforma em violência, em destruição. O modelo binário determinou que cabiam às mulheres os valores femininos e aos homens os masculinos. O patriarcado é o símbolo máximo da polarização entre os gêneros, estimulando tais distorções em prol da manutenção de poderes, privilégios e, por que não dizer, do lucro.

Desse ponto de vista, vemos que a tradição racionalista (o masculino) foi disseminada desde sempre nas escolas e seus efeitos nos afetam até hoje. Um reflexo são os códigos militares e industriais presentes em uniformes, fileiras, setores, hierarquia, disciplinas...

O lado esquerdo do cérebro, que representa valores masculinos — como a razão, o raciocínio lógico, a análise, a memória, o quantitativo —, está relacionado a muitos sistemas educacionais. Isso fez com que durante séculos nosso lado direito do cérebro — o feminino — se atrofiasse. É nele que moram a criatividade, a paixão, a informalidade, a leitura de imagens, as analogias e a intuição.

O fato de que durante várias gerações mulheres foram excluídas dos processos de formação, de liderança, pode ser observado nos programas mentais delas, que podem ser diferentes dos de muitos homens. Muitas vezes são elas que conseguem se conectar com algo que é mais sutil.

E claro, a partir do momento em que vemos essa lógica dualista como resultado de um modelo binário, entendemos que o fato de alguns homens e mulheres desenvolverem o "outro" lado também faz todo sentido.

Como consequência de tantos séculos de patriarcado, grande parte dos movimentos feministas tem trabalhado para quebrar a lógica racionalista, patriarcal e tirana à qual nos habituamos. Libertar o "masculino" nas mulheres, em busca de realização, poder, força, igualdade... Colocar a mulher no mesmo lugar do homem, sem dúvida, é uma importante forma de equilibrar. Mas não podemos esquecer o feminino nas mulheres e nos homens, que é pauta de quem busca desconstruir a masculinidade tóxica. É preciso buscar essas potencialidades que estão escondidas em nós, desvincular esses valores de sexo ou gênero, pois isso vai ajudar o futuro.

Todos os corpos, independentemente da forma, são uma manifestação do feminino, a representação máxima da criação, assim como a natureza. O desequilíbrio que estamos vivendo no meio ambiente revela que estamos maltratando severamente o feminino. A poluição das águas, o desmatamento, o excesso de consumo, de lixo, tudo isso é desrespeito ao feminino. O que estamos vendo acontecer com o futuro é reflexo de como estamos tratando o feminino que está dentro de nós e o feminino que está ao nosso lado, agora, no presente.

O patriarcado pode ser entendido como a dominação de valores masculinos. Na prática isso tem a ver com a ideia imposta de superioridade dos homens em relação às mulheres, gerando discriminação e injustiça. E muitas pessoas acreditam que essa lógica também seja determinante para a nossa relação com o meio ambiente. De acordo com a Carta da Terra, buscar a igualdade e a equidade de gênero, defendendo sem discriminação os direitos de todas as pessoas, é pré-requisito para o desenvolvimento sustentável.

Ao nos aprofundarmos mais no assunto, começamos a perceber interconexões entre várias pautas (e necessidades) que estão em jogo no futuro. A opressão das mulheres, em perspectiva, está relacionada com a opressão da natureza, e também com a opressão dos animais não humanos e dos diversos grupos em situação de vulnerabilidade na sociedade. Culturalmente, enquanto houver opressão de algum ser, haverá opressão (sistêmica) de todos os seres (humanos ou não). Hábitos e valores são os mesmos em várias perspectivas da vida.

Por isso dizemos que o patriarcado, como estrutura de poder, está acabando com o futuro. Mas, como eu disse anteriormente, muitos — homens — lucram com isso. Basta pensar que o cidadão mais rico do mundo é um homem. As maiores empresas com enormes resultados financeiros — e muitas das mais devastadoras contra o meio ambiente — são presididas por homens. Os maiores países do mundo estão sendo presididos por homens. E o futuro corre perigo. Coincidência?

E cada vez mais vão se estabelecendo, em cadeia, estruturas culturais opressoras. Elas dominam a sociedade através de um conjunto de crenças, valores e atitudes que refletem a maneira como alguém vê a si mesmo e o mundo. Como uma lente, culturalmente deturpada, intencionalmente. É preciso compreender que existem dinâmicas sociais e políticas responsáveis pela opressão cultural de mulheres, natureza e todos os seres (humanos ou não), cujos corpos, dentro desse sistema, "valem menos".

Não é possível pensar em um futuro livre de opressão feminina, racismo, machismo, sexismo e especismo com o patriarcado como ordem social. Todas essas interconexões reforçam a necessidade de combater o dualismo de valores em que nossa sociedade está estruturada. Combater a opressão, seja ela qual for (e também sem hierarquia de uma valer mais que a outra), trazendo novas personagens e representantes, para que possam se estabelecer novas culturas (e lentes).

Recortes de classe e cor são determinantes para pensarmos quais são as pessoas que sofrerão cada vez mais com os problemas ambientais previstos para o futuro. É curioso analisar que provavelmente as mulheres serão as maiores vítimas, ao mesmo tempo que podem trazer uma imensa contribuição para o futuro. Mesmo assim elas estão de fora do jogo. Ainda há poucas mulheres ocupando espaços de influência. Elas são minoria na política e nos comitês de tomadas de decisão da ONU. São poucas até à frente de empresas e negócios de grande impacto.

Enquanto isso, os homens (dentro e fora do poder) rejeitam comportamentos ambientalmente amigáveis (segundo pesquisas) porque se sentem menos "machos" carregando *ecobags*, comendo vegetais ou usando máscaras, por exemplo. Há também os que rejeitam, por interesses próprios — como os grandes líderes globais —, através do negacionismo, pautas ambientais e sociais.

Enquanto mulheres são ensinadas a cuidar desde cedo (com a intenção de que ocupem papéis de mãe, professora...) numa educação que valoriza amor, empatia, altruísmo e generosidade.

Não à toa, mulheres são as que mais cuidam do planeta. De acordo com pesquisas relacionadas no site Modefica (todos esses dados estão lá), elas produzem menos lixo, reciclam mais, comem menos carne, são mais abertas a comprar um carro elétrico, deixam uma pegada de carbono menor e estão mais propensas a votar de acordo com preocupações ambientais e sociais. Com posição relevante na sociedade, elas podem ajudar demais em todas essas causas.

E pudemos comprovar um pouco disso durante a pandemia de 2020. Países liderados por mulheres, como Nova Zelândia, Alemanha, Taiwan e Noruega, foram alguns dos que responderam melhor à covid-19, não somente sendo elogiados por suas atitudes, mas mostrando o resultado na prática, por terem os menores números de mortes pela doença. Foram os países que responderam de forma mais imediata, adotando medidas contundentes desde o início.

Embora também haja outros fatores econômicos e sociais que favoreçam alguns desses países no enfrentamento à pandemia, analistas acreditam que as trajetórias sociais das mulheres tornem sua conduta como líderes diferente. Elas agiram de forma alinhada com alguns valores do feminino que citamos anteriormente, como cuidado e acolhida. Enquanto outros líderes, menos bem-

-sucedidos, adotaram medidas de dominação e opressão, que são resultado de uma masculinidade distorcida.

Acredita-se que, como mulheres, essas líderes experimentaram a vida em papéis e responsabilidades nos quais as perspectivas e as decisões provavelmente refletiam uma vivência mais feminina.

Elas são a maioria em comunidades rurais e periféricas que sofrem cada vez mais com esses problemas (muitas vezes elas não têm como escapar desses ambientes). Desastres naturais são mais propensos a matar mulheres do que homens, principalmente onde elas são as mais pobres. Além disso, 80% da população refugiada por problemas climáticos são mulheres (estes são dados colhidos no Modefica).

Não podemos dizer que tudo seja culpa especificamente dos homens e que todas as mulheres tenham boas relações com o planeta (a intenção aqui é buscar um olhar sistêmico macro e a correlação entre todas as coisas). Por isso até mesmo dentro do feminismo existem várias linhas de pensamento.

Para algumas delas, a naturalização da mulher como inferior ao homem não difere da naturalização dos animais como inferiores aos seres humanos. Assim como a mulher é colocada muitas vezes como objeto a serviço do homem e do sistema, os seres não humanos e o meio ambiente são objetos a serviço do ser humano e do sistema.

Uma das linhas do feminismo, chamada de ecofeminismo, busca relacionar questões de opressão social e ambiental. Criado na década de 1970 pela feminista Françoise d'Eaubonne, o movimento conecta a luta pela igualdade de direitos e oportunidades entre homens e mulheres com a defesa do meio ambiente — logo, com a preservação do futuro.

Há também subdivisões nessa linha; algumas defendem que a pecuária institucionaliza sistemas violentos de opressão sexual. Elas enxergam uma raiz em comum entre a degradação da mulher e a destruição do meio ambiente e ligam o feminismo ao veganismo. Seja pela questão moral e ética, relacionada ao abuso de outros seres, seja pelas questões ambientais — se as mulheres devem ser as mais afetadas com problemas ambientais e a pecuária é um dos maiores vetores de desequilíbrio ambiental no mundo, como não relacionar?

A maioria dos animais mortos a cada ano é abatida por meio de um sistema de produção no qual as fêmeas suportam uma vida de violação repetida e gravidezes forçadas, até serem abatidas. E, para algumas seguidoras dessa linha, consumir corpos de animais não humanos estuprados e torturados enquanto lutam contra a cultura do estupro parece um contrassenso.

Para elas, tudo se relaciona como forma de manutenção de "sistemas da diferença", dos quais mulheres e meio ambiente fazem parte. E é o mesmo que acontece com pessoas não brancas, mulheres em posições socialmente menos favoráveis e, seguindo essa linha de pensamento (de opressão), até mesmo grupos LGBTQIA+. No fim, tudo vai contra as pessoas e o planeta. Quando se vai contra ume, é como se estivesse indo contra todes, pois a opressão é naturalizada.

Diante disso tudo, fica cada vez mais forte para mim a necessidade de mais igualdade e equilíbrio e a constatação de que a justiça social e a climática, juntas, são a saída do modo de vida capitalista e patriarcal do qual fazemos parte. Essa cultura tóxica é um problema social e ambiental. A destruição climática e ambiental é uma violência de gênero, raça, classe e espécie.

Por estarem do mesmo lado da corda mulheres, o meio ambiente, os animais não humanos e outros grupos oprimidos, é relevante pensar em conjunto contra as diferentes formas de dominação, independentemente da espécie.

Filmes

The Mask You Live In
Para mudar o mundo machista em que vivemos, precisamos atuar nas causas do problema. É o que propõe o documentário, que traz uma nova perspectiva sobre o machismo enraizado em nossa sociedade.

Histórias cruzadas
Nos anos 1960, nos Estados Unidos, as mulheres negras tinham de abandonar suas famílias para servir a elite branca. Dirigido por Tate Taylor, o filme narra a história de uma dessas mulheres da elite que decide entrevistá-las para mostrar ao mundo suas trajetórias.

Filha da Índia
As filmagens contam a história de Jyoti Singh, uma estudante indiana que foi brutalmente estuprada e morta por cinco homens, em 2012. O acontecimento provocou uma onda de protestos na Índia contra a forma como as mulheres são tratadas no país.

Livros

O feminismo é para todo mundo
bell hooks apresenta sua visão de como o feminismo pode tocar e mudar a vida de todos. Homens, mulheres, pessoas de todas as identidades: todos podem educar e

ser educades para construir uma sociedade com mais amor e justiça.

Eu sou Malala
Malala Yousafzai é uma importante ativista em defesa da educação para as meninas. Nesse livro, conta sua história desde a infância, os primeiros anos escolares, a repressão extremista e o atentado que quase lhe tirou a vida em 2012.

A criação do patriarcado
Gerda Lerner refaz o traçado evolutivo das principais ideias, simbologias e metáforas graças às quais as relações de gênero patriarcais foram incorporadas à nossa civilização, sustentando que a dominação da mulher pelo homem é produto de um desenvolvimento histórico.

Meditação guiada

Para encerrar este capítulo, convidei Simrat Kaur, Carol Presotto, fundadora e idealizadora do espaço Medicina da Consciência, para escrever uma meditação para nos reconectar à poderosa energia criativa feminina.

Sugiro gravar o texto a seguir no celular com sua própria voz, de forma lenta e bem pausada, e, após relaxar e se conectar com o momento presente e o lugar que escolheu para a prática, soltar o play.

MEDITAÇÃO DE CONEXÃO AO ÚTERO CRIATIVO

Feche os olhos.
Comece a respirar lenta e profundamente.
Sinta a conexão com a Terra na base da sua coluna.
Respire...
Você agora está mergulhando dentro de você.
Respire...
Sinta o seu ventre, o seu útero criativo. Mergulhe em suas águas mornas e acolhedoras. Você agora é acolhida(o, e) e abraçada(o, e) por essas águas criativas e nessas águas você relaxa e abre espaços dentro de você.
Respire...
Vá preenchendo estes espaços com amorosidade, autoacolhimento e compaixão. Permita neste momento ser o colo para o despertar de sua essência, floresça por dentro.
Continue respirando lenta e profundamente, sentindo o seu ventre e reconhecendo sua energia feminina, sinta-se regenerada(o, e) em criatividade, amor e expansividade.
Sinta agora que você transborda ondas regenerativas para as pessoas que estão ao seu redor e para o planeta.
Inspire profundamente, sinta-se acolhida(o, e) e amada(o, e), acolha e ame também e expire.
Silencie por alguns instantes em reverência à vida que acontece em você aqui e agora.
Com amor,
Simrat

Para pensar e conversar:
Como é que você está em relação ao feminino (o seu e o das outras pessoas)?

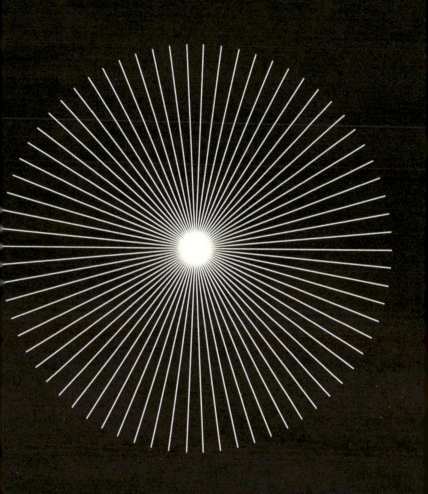

seja luz

Iluminar

No meu aniversário de 2019, resolvi começar o novo ano de um jeito diferente: fui participar pela primeira vez de um ritual com uma planta de poder. A planta escolhida foi a primeira de todas a ser usada em rituais de cura: a raiz da árvore do conhecimento — ela mesma, a árvore da maçã de Adão e Eva.

A experiência foi indescritível, tão forte e ao mesmo tempo tão simples. Difícil descrever ou explicar. Eu fiquei muito mexido com tudo, mas principalmente com o sentimento de que a natureza (uma planta) estava me dando aquele presente.

Logo em seguida eu quis mudar de casa, de trabalho, amigues, cidade... Foi como se tudo ficasse mais claro, muita coisa perdesse o sentido e outras ganhassem sentido, para que eu pudesse entender cada vez mais meu caminho.

Além disso tudo, comecei a refletir mais, pensar de forma crítica sobre as mensagens que venho recebendo dos espaços que tenho frequentado — desde criança, na igreja católica, até mais recentemente em outras religiões e filosofias.

Está cada vez mais claro para mim o quanto precisamos urgentemente nos libertar (no sentido mais amplo da palavra). Precisamos resgatar nossa essência, nossa criança interior (a que um dia fomos). Ela é a guardiã do nosso propósito, da nossa (relação com a) natureza e da nossa contribuição com o futuro. Sem liberdade não existe futuro.

No entanto, tive algumas experiências com religiões que me afastaram disso. Algumas reforçaram que tudo o que eu preciso saber sobre mim está dentro de mim. Mas apresentavam atalhos e figuras intermediárias para isso. Não funcionou.

Ao longo da história, temos buscado fora de nós algo que possa nos ajudar em nossos processos pessoais — de libertação, autodescoberta, conhecimento, fortalecimento e construção. Cartas, astrologia, terapias, religiões, gurus, mestres... e "Deus", que talvez seja o maior figurão dessa busca. Mas, como não podemos vê-lo (nem mesmo saber se existe), nos apegamos a figuras que possam nos dar as mãos.

Muitas religiões surgiram com o propósito de nos conectar com Deus. Elas reuniram agentes de Deus, terceirizando nosso acesso a tal força criadora (como se não pudéssemos acessá-la por conta própria).

Nos aproximar da força criadora deveria ser a função da religião, mas, ao contrário, ela (ou algumas delas, para não generalizar) criou um afastamento imenso de nossa luz (eu) interior — além de algumas vezes promover culpabilização e exclusão.

Ao longo da história, pessoas em diversos lugares do mundo têm ocupado a posição de "gurus". Em torno dessas pessoas, uma aura de salvação e transformação indiretamente contribui para fortalecer figuras masculinas de poder (que se conectam com tudo o que estamos vendo aqui neste livro).

Em um sistema dominado pelo patriarcado, muitas vezes essa presença reforça ainda mais algo muito negativo e opressor: a noção de que a relação com a espiritualidade e a ponte com Deus se fazem através de um homem (pense: quantas mulheres ocupam essa posição?).

Tenho refletido cada vez mais sobre isso. Já busquei mestres, gurus, já citei algumes em livros anteriores... Não posso negar que fui influenciado positivamente por muitas de suas ferramentas e literaturas, e sei que muitas pessoas à minha volta também. Mas não consigo vê-los como Deus. Ou mesmo como atalhos para um Deus de barbas brancas lá no céu.

Hoje compreendo que sempre busquei atalhos para mim (entende?!), mas decidi parar de procurar intermediários e atalhos externos. Ao mesmo tempo, sei que não posso generalizar — afinal, para algumas pessoas funciona. Acredito que todes nós podemos ter mestres. Professories, família, amigues, terapeutas ou até mesmo líderes religiosos. Mas existe uma linha tênue entre seguir conselhos e doutrinas com um propósito de despertar evolutivo e/ou ser um fantoche que segue valores externos (isso é o que acontece com grande parte de nós, desde criança).

Recentemente temos visto muitas dessas pessoas "escolhidas", tidas como gurus (das mais diversas linhas religiosas), "caindo", envolvidas em escândalos financeiros, políticos, sexuais, morais... Causando dor e frustração em muita gente. Mas, ora, quem achou que elas não pudessem cair em tentação? São seres humanos! Caso contrário, não estariam mais neste plano.

Nada que possa justificar seus atos, claro. Da mesma maneira, nada justifica vermos hoje o nome de Deus e as religiões misturados com política, com ideologias, sendo usados para manipular, roubar, matar. Mais uma vez: são "seres humanos" (mas bem distantes do conceito do que é ser humano). Algumes se valem do seu poder espiritual em prol de interesses (im)próprios, alimentando suas sombras, escravizando ao invés de libertar. Cada uma dessas pessoas também vive seus processos e está aqui para evoluir.

Em todos os lugares pelos quais passei, uma coisa nunca me pegou: a adoração. Seja na Igreja católica, na qual me criei e onde diziam "você pode gostar de tudo, mas adorar, só a Deus", seja com gurus de linhagens indianas com que me iniciei, eu nunca compreendi — ou pelo menos nunca senti — aquela força de adoração.

Ver as pessoas chorando, fazendo reverência diante de gurus, abrindo mão da própria vida para seguir seus passos, sempre me fez pensar que tinha alguma coisa errada comigo. Será que eu não tinha fé? Ou capacidade de me envolver?

Nada disso. É que com o tempo fui entendendo que eu nunca quis ser dependente de nada ou entregar minha vida a alguém. A adoração surge muitas vezes no desejo de ser dependente. Na falta de coragem de se entregar ao presente. De seguir com autonomia a própria vida. Na vontade (às vezes inconsciente) de negar a responsabilidade de ser quem se é.

Às vezes eu sinto que precisamos de uma nova visão de Deus. Eu amo, e sempre cito, uma definição que ouvi uma vez: "Deus = reunião de muites EUS". Isso mesmo, todos somos pedaços de Deus, manifestades na matéria. E nós nos materializamos nesta dimensão física para experimentar ser Deus (aqui leia Deus como "a grande força criadora", independentemente de quem Ele é ou significa para você).

Quando entendemos que Deus está em nós, viabilizamos uma religiosidade destituída do Deus que culpa e aprisiona — e que muitas vezes não é o Deus em sua essência. Assim acredito que temos mais chances de criar algo que não seja mais poderoso e forte que nós, e que possa incentivar a conexão com a nossa força criadora, com a nossa capacidade individual criativa. Uma religiosidade sem intermediários, sem instituições de poder (quem perderia com isso?).

Na prática seria você acessar a sua luz e a sua força criadora por si só, em qualquer lugar, no seu silêncio, meditando, respirando, cantando, misturando um pouco de tudo que você veja sentido e te faça bem. Buscar respostas e conexão com seu eu na ciência, nos seus sonhos, em terapias, no esporte, na alimentação... em tudo que conecte você a sua força interior.

Eu tenho buscado através de terapia, meditação, escrita; e cozinhar, preparar meu alimento, tem sido importante também. Estou cada vez mais atento àquilo que me faz crescer e me sentir livre. Para mim, religiosidade tem a ver com o compromisso de evoluir como pessoa. Despertar a semente do crescimento — livre de dogmas, mandamentos, culpa e preconceitos.

Bem, vale deixar claro que não estou dizendo que a culpa do cancelamento do futuro é de Deus, da religião e de gurus. Reconheço que não podemos generalizar, afinal, algumas coisas funcionam para algumas pessoas, mas considero importante uma reflexão sobre quais estruturas de poder sustentamos e os impactos delas em nossa vida. Se tais estruturas nos libertam (autoconhecimento de verdade) ou alienam (nos colocam em formas).

Muitas coisas são responsáveis pelo fim do futuro. Diversas regras e estruturas básicas da sociedade também não contribuem para a nossa liberdade (de ser) e realização pessoal. Muitas dessas barreiras são intencionais — para manter a economia aquecida, por exemplo. Por conta disso não podemos evoluir verdadeiramente como humanidade. Se as individualidades evoluem, a economia quebra. Se as pessoas deixam de consumir roupas, açúcar, drogas, bebidas ou redes sociais, "o PIB cai".

O.k., drogas (algumas delas) não contam pro PIB, mas elas alimentam um mundo sem fim de remédios, festas e cada vez mais dependência pelo consumo e todo tipo de coisa que possa ver vendida. Os amortecedores da vida frustrada e infeliz são os principais combustíveis da economia vigente. Por isso a conexão interior (autoconhecimento) é tão importante, ao passo que a frustração e a culpa são tão rentáveis.

Precisamos estabelecer uma relação espiritual anticapitalista. Meu alerta é para que nenhume guru — ou indústria religiosa — reforce ou substitua o patriarcado (e o que ele representa). Não reforce sistemas mercantis e de controle vigentes na sociedade, nas relações, nas famílias, nas empresas, na alimentação onívora, em tudo... Aqui meu alerta é para que não nos deixemos escravizar.

O mesmo vale para os conceitos de sina ou destino. Cada vez mais, tenho sentido que, quando me entrego (ou seria apego?!) a isso, abro mão do meu futuro (rola uma espécie da terceirização das minhas responsabilidades). Transferir o poder de escolha, de decisão, a algo externo, principalmente a alguém, pode ser perigoso demais.

Uma nova humanidade precisa nascer. E ela precisa nascer de dentro de cada pessoa. Nossa natureza é criativa, de realização. Este é um momento importante para retomarmos essa consciência de sermos integralmente a nossa luz interior. Sermos criatives e livres. De abrir mão dos nossos medos, dos padrões, das fôrmas de bolo. Esse é o momento de retomarmos a consciência de que podemos ser capazes e responsáveis por cocriar — e iluminar — o mundo à nossa volta.

Isso foi o que passei a acreditar depois que comecei a desenvolver uma visão mais sistêmica sobre tudo e me conectar com religiosidades de origem oriental e indiana. Mas ao longo desse processo também comecei a notar sistemas de opressão através de falas sobre liberdade e igualdade.

Não, nós não somos todos iguais. Nós somos criaturas únicas, diversas (como tudo na natureza), materializadas em realidades e mundos (ou bolhas) bem diferentes. Sabe aquele papo de que não estamos todes no mesmo barco? É isso. Talvez a gente não esteja nem na mesma tempestade. Isso porque existem questões muito profundas enraizadas na nossa estrutura social que diferenciam pessoas de acordo com identidade de gênero, raça, classe...

Então cada vez mais tenho recebido com certo desconforto falas (que eu mesmo já reproduzi) como "você cria a sua realidade". Aqui neste livro eu tenho repetido que nós criamos o mundo, o futuro, e existem certas nuances nisso que fazem toda a diferença. Eu acredito no fluxo. Acredito em sincronicidade. Acredito que quando colocamos uma intenção em algo temos mais chances de agir de forma a alcançar tal objetivo.

Acredito que viemos para esta vida para realizar a força criadora que existe em nós e cocriar o mundo (o caminho de cada pessoa é o que faz o mundo girar). Acredito que somos cocriadories e nos tornamos fonte de tudo que decidimos experimentar na vida. "Tudo o que vai volta", já está comprovado pela lei da atração de Newton e pela prática da vida (se você não gosta do que está vindo, experimente mudar o que você está dando).

Acredito que o voto, o que consumimos, o que compramos, o que comemos, os lugares que frequentamos, a forma como tratamos as pessoas, a natureza, os caminhos que escolhemos seguir, determinam nosso próprio caminho — e o futuro. Mas é preciso reconhecer que "não é a consciência que determina o ser, pelo contrário, o ser social é que determina a sua consciência", como dizia Karl Marx. Temos que aceitar que partimos de lugares diferentes. Estamos em momentos diferentes.

Ao propagar a ideia de que êxitos e fracassos dependem exclusivamente das pessoas, é preciso reparar se não estamos transferindo a elas a culpa pela falta de recursos, reduzindo conquistas à força do pensamento, sem levar em conta a necessidade de ação ou as amarras das estruturas que nos cercam. "Você não está conseguindo, pois não está pensando positivamente suficiente" ou "Você está entrando muito em contato com coisas negativas" são coisas que já ouvi muito por aí.

É preciso reparar se não estamos gerando mais angústia e frustração em pessoas que, por questões estruturais, não conseguem se colocar profissionalmente — mudar de carreira ou mesmo conseguir um emprego, por exemplo.

Acreditar que vamos viver uma vida de abundância não é garantia de que enriqueceremos nem de que haverá distribuição de riqueza ou o fim do acúmulo de capital. Em alguns casos, não é garantia nem de que haverá um prato de comida na próxima refeição. Acreditar na abundância, mas não abrir mão ou não usar de forma positiva seus privilégios — pelo contrário, criar ou reforçar bases que justificam opressões estruturais — não pode mais ser uma opção.

No entanto, acreditar que podemos viver uma vida abundante, longe da escassez, pode nos estimular a criar novos caminhos (econômicos, sociais, comportamentais...) para isso. Só que é preciso, mais uma vez, ter cuidado para não transformar o imperativo da felicidade (que nos fez mal tanto tempo) em imperativo da positividade. Reparar se não estamos criando uma nova indústria por meio da mercantilização do que é espiritual, do bem, positivo...

Hoje costumo dizer que minha religião é a natureza. Minha conexão com ela é a minha chave. Um conceito tão lindo, simples e sofisticado ao mesmo tempo. Acredito que está nela o equilíbrio que precisamos encontrar para essas falas e essas crenças. Se você se conecta verdadeiramente com a natureza, se vê como parte dela, seus hábitos, seus valores e sua relação com todas as coisas, inclusive com o fluxo da vida, são diferentes. E você evolui.

Por séculos as pessoas se reuniram em torno da fogueira para compartilhar, celebrar, integrar... Ali elas eram magníficas. Mas, mesmo assim, uma ou outra conseguia ser mais brilhante, na música, na dança ou na palavra. Como se a sua luz iluminasse toda a roda.

Em volta da fogueira, as pessoas que se destacavam eram iguais às demais. Pessoas. Porém únicas, conectadas com suas verdades. Mais abertas, mais conectadas. Mais sensíveis. Mais próximas de valores femininos. Mais próximas da arte, da natureza.

Dentro de você também existe isso. Não temos a mesma vida, mas somos da mesma matéria. Da mesma luz. Eu amo este texto do escritor Eduardo Galeano, tirado de *O livro dos abraços*, e decidi fechar este capítulo com ele:

> Cada pessoa brilha com luz própria entre todas as outras. Não existem duas fogueiras iguais. Existem fogueiras grandes e fogueiras pequenas e fogueiras de todas as cores. Existe gente de fogo sereno, que nem percebe o vento, e gente de fogo louco, que enche o ar de chispas. Alguns fogos, fogos bobos, não alumiam nem queimam; mas outros incendeiam a vida com tamanha vontade que é impossível não olhar para eles sem pestanejar, e quem chegar perto pega fogo.

Experimente aceitar a sua força criativa. Assumir a responsabilidade de ser. Fique alerta com gurus que prometem lhe trazer a salvação. Experimente desapegar de palavras como "destino", "sina", "sorte" ou qualquer coisa que se proponha a formatar ou adivinhar seu futuro. Não existe futuro se nós não o criarmos. E, seja lá o que acontecer, será criação daquilo que iluminarmos no presente.

Filmes

Tempo de espera, tempo de vipassana
Documentário sobre a meditação vipassana — que prega o silêncio, a respiração consciente e a auto-observação por vários dias, em busca de uma melhor compreensão de si e da realidade.

Free the Mind
Documentário bastante emocionante baseado nos estudos do neurocientista Richard Davidson, que, após um pedido do dalai-lama, começou a estudar o comportamento cerebral em situações positivas.

A história de Deus
Série apresentada e produzida pelo ator americano Morgan Freeman que explora questões relacionadas a Deus, às religiões e às crenças humanas universais. Os episódios fazem uma exploração épica e uma reflexão íntima sobre Deus em diferentes religiões e culturas.

Livros

O milagre da manhã
O livro de Hal Elrod releva um segredo valioso aos que buscam desenvolver seus potenciais e habilidades. Spoiler: é algo que acontece antes das oito da manhã. Ao conhecer um método simples e eficaz,

você vai aprender que a forma como vive sua rotina matinal pode mudar todos os aspectos da sua vida pessoal e profissional.

Esperança ativa
O livro *Esperança ativa: Como encarar o caos em que vivemos sem enlouquecer* oferece ferramentas para encararmos as dores que vemos no mundo e nos colocarmos em ação a serviço da vida, mantendo o equilíbrio. Joanna Macy e Chris Johnstone propõem uma jornada para encontrarmos e oferecermos nossa contribuição para a grande transformação planetária.

Sociedade paliativa
O minilivro de Byung-Chul Han denuncia uma sociedade na qual nada deve provocar dor. Não apenas a arte, mas também a própria vida tem de ser instagramável, ou seja, livre de ângulos e cantos, de conflitos e contradições que poderiam provocar dor. "Esquece-se que a dor purifica. Falta, à cultura da curtição, a possibilidade da catarse."

Aprendendo a meditar

Meditar, fora qualquer conotação esotérica, tem a ver com práticas que nos ajudam a focar a mente em um objeto, um pensamento ou uma atividade em particular, visando alcançar um estado de clareza mental e emocional. Não tem a ver apenas com esvaziar a mente, como se imagina.

Já está comprovado cientificamente que a meditação pode nos ajudar a superar problemas interiores (como os criados por raiva, inveja, apego e ignorância), a controlar nossa mente (trazendo paz interior) e a evoluir para estados cada vez mais elevados de consciência.

Vamos experimentar? Para começar, escolha um lugar tranquilo, sente-se numa posição confortável, feche os olhos e se concentre na respiração, para acalmar a mente das distrações. Respire. Sinta o ar fluindo pelo corpo. Alongue-se. Permita que entre mais ar.

Quando sentir que seu corpo e sua mente estão calmos, é hora de passar para a segunda fase. A meditação analítica representa um processo intencional de investigação ou de reflexão sobre um tema, analisando vários aspectos e examinando-o de vários pontos de vista. Escolha uma pergunta e medite sobre ela. Aqui vão algumas sugestões:

O que eu desejo para o futuro? Quanto tenho usado meus talentos a favor do planeta? Como tenho gastado meu tempo? O que preciso elaborar neste momento da minha vida? Quais são meus maiores medos? O que impede que eu realize meus desejos?

Apps para meditar

Para se aprofundar na meditação ou para aperfeiçoá-la, recomendo estes aplicativos:

- Headspace: desmistifica o que é a meditação. Ideal para quem está começando.
- Insight Timer: oferece mais de 4 mil meditações guiadas em áudio propostas por mais de mil professories.
- Aura: meditações curtas e personalizadas, para fazer todos os dias.
- 5 Minutos: feito no Brasil pela ONG Mãos Sem Fronteiras, propõe meditações diárias.
- Medita!: também do Brasil, oferece módulos pagos e gratuitos em vários temas.
- Sattva: monitora os batimentos cardíacos, tem músicas relaxantes e insights para o seu dia.

> Para pensar e conversar:
> **Como anda sua energia física, mental e espiritual?**

Libertar

Um dia recebi um áudio do Guga, um dos facilitadores na Escola de Piracanga (que é uma ecovila na Bahia), dizendo que duas crianças, Nadia (dez anos) e Bianca (oito), estavam interessadas em saber mais sobre moda, e me convidou a gravar vídeos com respostas para perguntas como: "A moda pode ser um vício?", "A moda pode fazer bem ao planeta?", "A moda tem a ver com consumo?", "A moda respeita a individualidade?".

A Escola de Piracanga funciona diferente. Por lá estudantes de várias idades convivem juntos, não existe uma divisão de séries. O método é baseado na criatividade espontânea, permitindo que cada criança escolha as atividades que deseja desenvolver — pintura, teatro, marcenaria... — e os temas que deseja estudar de acordo com seus interesses pessoais, curiosidades e vocações.

A pessoa no posto de facilitadora possui um papel mais de tutora das crianças do que de "professora", ajudando nas pontes, na obtenção do conhecimento e no desenvolvimento sistêmico das quatro dimensões do ser: espiritual, físico, mental e emocional, contribuindo para a expressão natural dos dons e dos talentos individuais. Assim, durante uma semana, a turma conversou e aprendeu sobre temas relacionados a sustentabilidade, expressão, consumo e comportamento humano.

Desde que comecei a dar aulas e a frequentar cursos considerados fora do padrão — como o Gaia, onde cursei design para sustentabilidade, e a Nós Escola, onde comecei a aprender sobre alimentação integrativa —, além de viajar para conhecer a Green School em Bali, na Indonésia, eu percebi que as coisas mais importantes da vida não são aprendidas nas escolas que ainda seguem o modelo educacional consolidado no século XIX.

Por mais que educação e escola sejam coisas bem diferentes, elas vivem juntas no nosso imaginário. Assim a "indústria da escola" é sustentada como sendo nossa única forma de aprender. Mas o que cada vez mais pessoas acreditam é que esse formato — e o prolongamento desse processo de consumo do serviço escolar — pode atrapalhar o aprendizado (como já dizia em 1971 Ivan Illich, pioneiro em propor uma vida sem escolas).

A (nova) crença que já vinha em curso é que o aprendizado deve acontecer de forma viva e livre, em que cada pessoa segue seu próprio fluxo. Para despertar o que está dentro de cada pessoa, as "novas escolas" surgiram como espaços livres, abertos — físicos, presenciais ou não —, e têm como foco a experiência, o autoconhecimento e o processo de (auto)aprendizagem de maneira mais independente. Têm como propósito criar pessoas melhores, não somente distribuir diplomas.

Esse é um pensamento totalmente oposto ao das escolas que surgiram para formar pessoas especialistas para trabalhar em fábricas, na Primeira Revolução Industrial. Os modelos de ensino mais difundidos por aí tratam todas as crianças de forma igual; sem levar em conta as preferências e as habilidades de cada pessoa, traçam metas e médias iguais para todas.

E há muita criança que não anda vendo mais sentido no modelo antigo. Ana Thomaz e Dominic Barter tiveram essa experiência dentro de casa: em determinado momento, o filho de Ana e a filha de Dominic desistiram de frequentar a escola, pois não acreditavam no processo. Por causa dessa experiência, pai e mãe acabaram virando referência em desescolarização no Brasil e hoje compartilham os aprendizados que tiveram.

Tive a honra de ter aula com Ana e Dominic no Gaia, assim como com José Pacheco, de Portugal, que na sua Escola da Ponte também desenvolve esse tipo de trabalho. Libertar novas formas de pensar, estudar e conhecer, de uma perspectiva mais ampla, com diferentes pontos de vista (o ponto de vista de cada pessoa), com o intuito de não gerar estereótipos ou modelos formatados de identidade é o foco por lá.

O processo da vida é criador, nós somos criadories. Então por que será que não conseguimos nos libertar de antigos formatos? Durante a pandemia de 2020, escolas fecharam, forçando famílias a adotar o *home schooling* (estudar em casa), e isso revelou uma série de fragilidades das nossas estruturas — que vão desde a impossibilidade de todos adotarem a prática, por limitação de internet, como vimos em populações mais vulneráveis, passando pela falta de preparo de muitas famílias para lidar com esse novo formato, até a própria estrutura de rigidez dos aprendizados que perde sentido com o isolamento social.

Por todos os lados, foi possível perceber como é difícil lidar com a formação de outra pessoa, e o quanto "terceirizar" esse tipo de responsabilidade traz ganhos e perdas para a vida de todos. Quem já caminhava para modelos mais livres teve mais facilidade. E os desafios que se apresentaram também tiraram da zona de conforto quem faz parte do sistema educacional.

O reconhecimento de que temos necessidade de uma nova lógica — não só na educação, como nas organizações, na política, nas relações e até na gramática — não é algo novo. Mesmo assim seguimos no piloto automático. Muitas vezes sentindo-se mal com o funcionamento de determinadas coisas, porém reforçando tais padrões.

A Revolução Industrial e a ciência moderna nasceram juntas. Elas ditaram muito da visão e da lógica vigente em escolas, organizações, indústrias e demais instituições.

Foi ali que a visão da vida que até então era holística e orgânica passou a ser encarada de forma analítica, mecanicista e reducionista. As máquinas criadas para ampliar nossas capacidades se tornaram um modelo para todo o (velho) mundo e nossa forma de compreensão da vida.

Nossas concepções e instituições se formularam em análises de partes, objetos, quantidades, categorias, fatos isolados, corpos isolados de mentes e pessoas isoladas da natureza e o contexto global. A visão analítica e mecânica obscureceu a visão holística e orgânica dos fenômenos, nos impedindo de ver a vasta e complexa rede de relações, religações e interdependências de todos com todos e com tudo.

Por exemplo, na velha (e estreita) visão industrial-capitalista, a organização contribuía com a sociedade através do lucro e da geração de emprego, que dava acesso à renda e, como consequência, ao consumo. Assim o ciclo se fechava. Toda e qualquer questão pessoal, planetária e social ficava fora disso.

Só que, da mesma forma que precisamos cuidar da natureza (porque estamos conectades a ela) para que continuemos tendo recursos para produzir e sobreviver, precisamos cuidar da gente e da comunidade à nossa volta — que é a rede que produz e consome o que fazemos. Por isso não são só as escolas que estão perdendo o sentido.

O mercado de trabalho também está em ebulição. Thomas Frey, do DaVinci Institute, mesmo antes da pandemia, dizia que 60% das profissões que dominarão os próximos dez anos ainda não existem. O CBRE Institute publicou uma pesquisa dizendo que 50% das profissões de hoje se tornarão obsoletas até 2025. Enquanto John Chambers, CEO da Cisco, aposta que 40% das empresas existentes não estarão mais no mercado ao fim dos próximos dez anos. Agora então...

Eu acho fácil entender isso. Alguém ainda acredita que tenha sentido dizer que existe trabalho de "oito horas por dia" — quando estamos 24 horas por dia "na internet" e recebendo mensagens de pessoas para quem trabalhamos ou das quais nosso trabalho depende? Aqui o papo vai bem além da aceleração das tecnologias digitais, com trabalho em casa, automação na indústria e desemprego de mão de obra de base ou crise.

Já vínhamos recebendo cada vez mais notícias de pessoas que ganharam muito dinheiro, alcançaram status e seguiram infelizes (eu), frustradas, e largaram tudo para procurar propósito no trabalho e na vida. Muitas dessas pessoas já tinham acesso à tecnologia, liberdade e novos formatos. Agora, tudo isso será ampliado, alcançando cada vez mais pessoas, só que as novas possibilidades e necessidades não darão conta de resolver problemas antigos que não foram solucionados.

O trabalho tem o potencial de ser nossa contribuição genuína ao futuro. Para isso, é preciso entendê-lo como ferramenta de cocriação do mundo. Entender que cada pessoa, com seu papel (que vai muito além de produzir e consumir), desempenha uma função importante nessa grande rede. Logo, em vez de abrir mão dos nossos sonhos para pagar contas, ou ver o trabalho como uma prisão diária cuja única finalidade é o "ganha-pão", devemos permitir que nossa autenticidade direcione nossas escolhas profissionais.

Na (antiga) divisão da timeline da nossa vida, o trabalho ocupa o meio, está entre o aprender e o descansar, tomando a maior fatia. Mesmo assim, a insatisfação com "o que fazemos" parece ser algo natural. Muita gente vive num paradigma de separação entre o mundo interior e o exterior, no qual o trabalho é apenas uma forma de ganhar dinheiro para viabilizar a sobrevivência e compensar as frustrações de uma vida cansada e sem energia. Mas será que é preciso perder nossa essência para conquistar o que queremos?

A maioria das empresas contribui para o esgotamento de recursos naturais, destruindo ecossistemas e modificando o clima. Muitas pessoas contribuem com isso em suas posições profissionais, na maior parte das vezes, sem ter noção. Ao mesmo tempo, reclamam da estrutura tradicional (carga horária, local de trabalho fixo, hierarquia verticalizada), da falta de propósito, comunicação e transparência, e de muita pressão. Chefes reclamam de custos, burocracia, impostos e produtividade.

Assim como no sistema educacional, muitas pessoas estão perdendo a fé nos formatos tradicionais de emprego. As que trabalham e as que empregam. Algumas estão saindo para empreender; outras para serem autônomas. Enquanto poucas estão dispostas a mudar o local em que estão. Para as que ficam, a chance de segurá-las é a transformação — como nas escolas —, criando ambientes que formem pessoas melhores, com foco na cultura e no empoderamento de colaboradories. Com apoio à individuação, incentivo à autonomia e à criação, não só distribuindo salários.

Um "novo trabalho" nasce com a necessidade de uma nova economia, a "economia do serviço", em que organizações e pessoas estão à disposição da comunidade e do planeta. Mas não de forma altruísta-romântica-ingênua, ou negativa, autoindulgente, que em vez de elevar diminui as pessoas. Muito menos com uma visão de servidão, que ao longo da história suportou dogmas destrutivos como a escravidão, o fanatismo e a hierarquia de classes.

Estou falando sobre servir a própria verdade, e colocar essa verdade a serviço do mundo. Assim como na natureza, onde ninguém pede à chuva para chover, ao sol para nascer todos os dias, às abelhas para polinizarem, aos rios voadores para levarem as chuvas, cada pessoa vem para esta vida com um papel, uma função (o que tem sido chamado recentemente de propósito).

Quando nascemos estamos perto disso. Trazemos conosco a certeza do papel que viemos interpretar. Até que, quando começamos a vida coletiva, vamos nos perdendo. Seja nas instituições, seja em casa, de forma intencional ou não, nosso entorno nos pressiona para nos encaixar em padrões, abrir mão da nossa verdade, para atender a nossa família, amigues, chefes, gurus...

A família talvez seja nossa primeira prisão. Muito do que somos hoje tem a ver com criações desestruturadas, inconsequentes ou castradoras. Ela é muitas vezes responsável pelas nossas inseguranças, nosso vazio, nossa falta de amor. E você sabia que até as famílias foram criadas para servir ao capital? Antigamente vivíamos em comunidades, em tribos. Casais se uniam por amor. As crianças eram criadas pela comunidade. Não havia casamento ou família.

A família surgiu para dar conta da propriedade particular de pessoas poderosas que conseguiam acumular posses, riqueza, e queriam que ela ficasse somente com sues descendentes. O casamento surgiu, as famílias se institucionalizaram e os homens passaram a ser os donos de tudo — inclusive de suas mulheres. Isso tudo é tão ruim. Tão opressor... A família deve ser a primeira a querer nossa liberdade.

Para escrever um futuro mais alinhado com nosso momento planetário, vamos precisar de liberdade. Desapegar de todos os padrões e formatos que conhecemos. Buscar uma nova lógica. Não são apenas as escolas, as organizações e as indústrias que precisam se transformar. Famílias, cultura, política e até a consciência individual precisam entrar no jogo. Isso vai demandar reformas legislativas, econômicas, éticas... Percebe como toda a questão é sistêmica? Por isso não é fácil e demanda o comprometimento e a liberdade individual de cada pessoa.

As questões que antecedem as crises de todos os tempos são sempre as mesmas: econômicas, políticas e sociais. Faz parte da narrativa humana. Nós às vezes não nos damos conta de que todas essas questões muitas vezes têm a ver com o desencaixe entre o que praticamos e o que o mundo exige de nós.

Para realizar todas essas mudanças, vamos precisar passar por uma nova "Revolução Industrial" (que para muitos já começou) em diversas áreas da nossa vida. Toda a lógica (linear e setorizada) industrial que direciona os padrões da sociedade (escola, trabalho, indústrias...) precisará se transformar e precisaremos encontrar um novo jeito de agir, mais sustentável (que cause menos impactos destrutivos) para o planeta e para as pessoas.

O conceito do que é "ser humano" vai mudar. Usaremos cada vez mais a tecnologia para irmos além dos limites (e sermos quase... criaturas divinas). Pense na transcendência espiritual viabilizada pela ciência, através da junção do orgânico (matéria) com o cibernético. Falta pouco para nossa "consciência" se conectar com a nuvem. Então enviaremos fotos e arquivos direto do cérebro (já tentou telepatia?).

Até que nossas redes neurais sejam substituídas (ou acrescidas) por softwares inteligentes (imagine um neocórtex turbinado e neurônios multiplicados por dez). Novas experiências sensoriais terão a ver com baixar e subir arquivos, assim como acessamos nossa memória hoje. Como continuar aprendendo, trabalhando e vivendo como agora?

A transição vai ocorrer. Ou vamos desenhá-la, ou seremos vítimas dela. As mudanças de paradigma já vêm acontecendo de diversas maneiras. Alguns movimentos são de ruptura, quebram totalmente o anterior e se dão na forma de inovação. Outros são uma espécie de continuísmo "melhorado", representam uma evolução natural do que existe. E há aqueles que voltam ao passado para resgatar o que existe de verdadeiro e essencial em culturas ancestrais.

Tudo isso é lindo no papel, e você deve estar pensando aí que na prática é muito difícil (eu sei). Ou lembrando das pessoas que vão contra tudo isso, que querem manter as antigas estruturas (eu sei também). Quem deseja manter, é porque vê algum tipo de benefício no modelo anterior. Mas, para grande parte das pessoas, não está sendo fácil do jeito que está.

O sofrimento das crianças em casa ou nas escolas é igual ao de muites profissionais em empresas. Por trás dessa insatisfação, existem almas (essências) que não estão sendo atendidas. Vamos precisar redesenhar nossa existência na Terra e tudo o que nos rodeia, nem que seja por instinto de sobrevivência. Libertar o futuro.

Filmes

Zeitgeist: O filme
Lançado livremente via Google Video, o (polêmico) documentário de Peter Joseph fala sobre os elos perigosos entre a religião organizada, os mercados financeiros globais e a estrutura do poder internacional.

Amanhã
O filme acompanha a viagem de Cyril Dion, Mélanie Laurent e uma equipe de quatro pessoas por dez países à procura do que poderá provocar o desaparecimento da humanidade e como evitar essa catástrofe. Mostra o quanto cada pessoa pode realmente contribuir para criar o futuro.

Ponto de mutação
O filme dirigido por Bernt Amadeus Capra serve de introdução à teoria de sistemas e pensamento sistêmico, e apresenta insights sobre modernas teorias físicas, como a mecânica quântica e a física de partículas.

Livros

Reinventando as organizações
Frederic Laloux mostra que um novo modelo organizacional está surgindo, prometendo uma revolução no local de trabalho. Para ele, um novo estágio da consciência humana está em curso e vai mudar a forma como administramos nossos negócios.

Alfabetização ecológica
Para Fritjof Capra, reorientar o modo como os seres humanos vivem e educar "ecologicamente" as crianças para que atinjam seus potenciais mais elevados são tarefas com aspectos bem semelhantes. Sem isso, nosso empenho para criar comunidades sustentáveis será em vão.

Um mundo, uma escola
Salman Khan iniciou uma verdadeira revolução no ensino ao propor educação gratuita e de qualidade para todos com o emprego de tecnologia e ideias inovadoras (como veicular lições pela internet). Nesse livro, Salman expõe sua visão radical para o futuro da educação.

Um pouco das transformações que vivemos até aqui

Revolução Industrial	Nova Revolução Industrial
Expansão econômica e comercial	Expansão da consciência
Visão fragmentada	Visão holística
Volume	Qualidade
Extrativista	Recicladora
Linear	Sistêmica e cíclica
Energia fóssil	Energia renovável
Fast	*Slow*
Tempo humano	Tempo ecológico
Especialização do fazer	Valorização do ser
Oferta	Produção sob demanda
Antropocêntrica	Rede
Tóxico	Seguro
Competitiva	Colaborativa
"Eles"	"Nós"
Alto impacto ambiental	Baixo impacto ambiental
Produção em massa	Customização em massa
Binária	Múltipla
Centralizada	Distribuída
Material	Imaterial
Mecanicista	Orgânica
Cartesiana	Randômica
Poder sobre	Poder com

Complete a lista você também: vale levar isso para as rodas de conversa do tema!

Para pensar e conversar:
Por que não mudar se parece que até hoje não deu certo?

1. coexistimos de formas múltiplas

2. somos pessoas coletivas

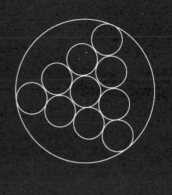

3. em harmonia com a natureza

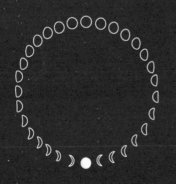

4. realidades materiais e imateriais

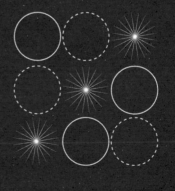

Originar

Podemos reconhecer diversos momentos da história que nos afastaram das nossas origens, do nosso eu, da (nossa) natureza... A ciência, religião... Mas não podemos deixar de perceber o quanto o processo de colonização "civilizatório" deixou marcas profundas de desconexão, opressão e silenciamento.

Ele trouxe a reboque toda uma ideologia de hierarquia na qual "o colonizado" tem sido vítima das mais diversas formas — entenda-se "colonizado" como todas as pessoas que são diferentes das que estão no poder.

Uma das variações é a colonização de mentes, um tipo de violência (nem sempre) sutil e (quase sempre) duradoura, que encerra e confina pessoas tidas como diferentes e fora do padrão que se deseja estabelecer como padrão, criando um espaço de oposição que visa "minorizar" grupos, interferindo, sobretudo, na forma como as pessoas veem, sentem, agem e falam sobre si e o mundo.

Quem fala sobre ancestralidade é visto como "místico" (por diversas pessoas), e essa palavra cheia de significado ganhou caráter pejorativo — assim como "hippie" e até "índio" ("isso é 'coisa de índio'", quem nunca ouviu?). Enquanto isso, "pessoas sérias", "de bem", têm que ter especialização gringa e outros atributos associados à esfera da razão.

Mas são essas pessoas "de bem" — as quais muitas vezes negam o sutil, o imaterial, o sublime, a natureza — que estão à frente de muitas grandes corporações, países, governos e instituições de ensino, sendo responsáveis, cada vez mais, pela desconexão, opressão e apagamento de pessoas e saberes.

Durante o processo de colonização de comunidades formadas por povos originários, por exemplo, nos fizeram acreditar que civilizações indígenas são povos bárbaros e imprimiram uma guerra sem fim contra eles. Ou que são "preguiçosos, perigosos, místicos" e de menor valor. Isso fez com que a gente se afastasse das nossas origens e de seres com conhecimentos milenares e uma importante cosmovisão.

Daniel Munduruku publicou em 2001 um relato autobiográfico intitulado "Meu vô Apolinário: um mergulho no rio da (minha) memória", em homenagem ao avô, que lhe ensinou a sabedoria e o respeito da natureza. No capítulo "A raiva de ser índio", confessa que detestava ser chamado de índio, que era uma marca de desprezo e bullying, pois a palavra era sinônimo de selvagem.

Os indígenas, além de ridicularizados, são também muitas vezes incompreendidos. Ailton Krenak, em *Ideias para adiar o fim do mundo*, conta a história de um pesquisador europeu do começo do século XX que estava nos Estados Unidos e chegou a um território dos hopi. Ele tinha pedido que alguém daquela aldeia facilitasse o encontro dele com uma anciã que queria entrevistar:

> Quando foi encontrá-la, ela estava parada perto de uma rocha. O pesquisador ficou esperando, até que falou: "Ela não vai conversar comigo, não?". Ao que seu facilitador respondeu: "Ela está conversando com a irmã dela". "Mas é uma pedra!" E o camarada disse: "Qual é o problema?" [...]
>
> Tem uma montanha rochosa na região onde o rio Doce foi atingido pela lama da mineração. De manhã cedo, de lá do terreiro da aldeia, as pessoas olham para ela e sabem se o dia vai ser bom ou se é melhor ficar quieto. Quando ela está com uma cara do tipo "não estou para conversa hoje", as pessoas já ficam atentas. [...]
>
> Assim como aquela senhora hopi que conversava com a pedra, sua irmã, tem um monte de gente que fala com montanhas. No Equador, na Colômbia, em algumas regiões dos Andes, você encontra lugares onde as montanhas formam casais. Tem mãe, pai, filho, uma família de montanhas que troca afeto, faz trocas. E as pessoas que vivem nesses vales fazem festas para essas montanhas, dão comida, dão presentes, ganham presentes das montanhas.

Esse relato pode soar engraçado, inusitado, lindo. Cada pessoa terá uma impressão. Mas há algo de simbólico demais nisso. Por que essas narrativas não entusiasmam a todos? Por que elas vão sendo ridicularizadas, esquecidas e apagadas em favor de uma narrativa globalizante, que quer contar uma outra história para a gente? A história de que não somos parte da natureza.

Em outras camadas, a humanidade vem se descolando desse organismo que é a terra. "A ideia de nós, os humanos, nos descolarmos da terra, vivendo numa abstração civilizatória, é absurda. Ela suprime a diversidade, nega a pluralidade das formas de vida, de existência e de hábitos. Oferece o mesmo cardápio, o mesmo figurino e, se possível, a mesma língua para todo mundo", diz Krenak.

E completa: "Enquanto a humanidade está se distanciando do seu lugar, um monte de corporações espertalhonas vai tomando conta da Terra. Nós, a humanidade, vamos viver em ambientes artificiais produzidos pelas mesmas corporações que devoram florestas, montanhas e rios". Corporações que querem nos fazer acreditar que não somos parte da natureza. Ou que estamos acima dela, com o direito de usar e explorar tudo, sem critério ou limite.

Além do simbólico, como ele diz,

> a modernização jogou essa gente do campo e da floresta para viver em favelas e em periferias, para virar mão de obra em centros urbanos. Essas pessoas foram arrancadas de seus coletivos, de seus lugares de origem, e jogadas nesse

liquidificador chamado humanidade. Se as pessoas não tiverem vínculos profundos com sua memória ancestral, com as referências que dão sustentação a uma identidade, vão ficar loucas neste mundo maluco que compartilhamos.

Pessoas que deveriam ser vistas como guardiãs de saberes estão sendo violentadas, assassinadas e expulsas de suas terras. A imposição do paradigma dominante sobre regimes de conhecimento tradicional é apontada por alguns estudiosos como o motivo do êxodo que a Amazônia vem vivenciando nos últimos vinte anos. Segundo o antropólogo Bruno Caporrino:

> Há ribeirinhos e comunitários que deixam suas comunidades, entendendo-se como primitivos, incultos, incivilizados, privados, para morar nas periferias das cidades [...]. Saem do centro de seu universo, para ocupar a periferia da periferia da periferia do universo... dos outros. [...] É importante saber que a maioria dos povos indígenas que ocupam a região se afastou, historicamente, das margens do Amazonas, fugindo das pressões exercidas pela colonização, cada qual a seu modo, e em um percurso geográfico e histórico diferente, ocupando as regiões mais montanhosas e de acesso mais difícil às frentes de colonização.

Para Davi Kopenawa Yanomami, escritor, xamã e líder político yanomami, a invenção da América foi legitimada por uma estrutura de pensamento, por uma maneira de encarar a vida, que pode ser fisgada nas conexões do binômio colonizador "cruz e espada". Essa dupla noção, já de cara, por sua mera oposição, apresenta a tentativa artificial de separar os aspectos material e espiritual da vida, perspectiva típica do pensamento ocidental. No IX Singa, de 2017, Kopenawa falou:

> Eles usam arma pra espantar nós, pra fazer medo na gente. Não é fácil, mas nós estamos lutando pela terra, porque a terra é nossa mãe, a terra que cuida de nós. Nós, povos indígenas, sabemos disso, por isso não queremos deixar destruir. O branco, nós, todos os seres, temos que amar a terra. E a terra também ama nós. A Terra é uma só. Se destruirmos tudo, onde vamos achar outra? Sem a terra não tem vida. A liderança Yanomami acredita que essa é uma luta que interessa a todos, que é política, cultural, social, econômica e ambiental.

Para Caporrino, em entrevista ao IHU On-Line, "o paradigma por trás desses projetos ('civilizatórios') era a ideologia nacionalista, integracionista e assimilacionista, que visava transformar os índios em 'brancos' e, portanto, 'brasileiros', numa versão mais atualizada da sanha colonizadora que pretendia transformar índios em gente". E isso aconteceu com comunidades em todo o mundo, sempre com o colonizador querendo impor as suas práticas.

Me impressiona muito a narrativa de que povos originários necessitem/possam ser "melhorados", quando a história mostra que a preservação dos seus valores contribui com a preservação da nossa essência, das nossas identidades e da preservação da natureza. São os povos que têm mais noção sobre as nossas origens naturais. Há sem dúvidas muito mais a aprender com eles do que a ensinar.

A luta contra o colonizador deve partir da tomada de consciência da mitificação de sua superioridade cultural, religiosa, econômica e identitária — fatores que garantiram condição para o domínio e controle das populações colonizadas em todo o mundo. Em outras palavras, a imagem do colonizador como generoso, missionário da cultura e do progresso precisa ser desmistificada.

Antes da tomada da América do Norte pelos europeus e a imposição das crenças cristãs, não existia um padrão de gênero considerado normal entre os grupos étnicos norte-americanos. Diferentemente da norma estabelecida na sociedade, indígenas norte-americanos tinham uma multiplicidade de gêneros, não estabelecendo como regra o masculino e feminino, nem transformando o que estivesse fora deste padrão em anormalidade ou algo a ser evitado.

As pessoas das comunidades eram valorizadas por seu caráter e suas contribuições, não por serem reconhecidas como homens ou mulheres. Não havia questões morais associadas nem aos gêneros nem à sexualidade. Antes da ocidentalização desses povos, as roupas das crianças eram neutras em termos de gênero, e não existia um ideal sobre como cada pessoa deveria se portar, segundo o site Indian Country Today, especializado em notícias sobre povos indígenas.

Eram reconhecidos cinco gêneros diferentes: masculino, feminino, dois-espíritos masculino, dois-espíritos feminino e o que hoje chamaríamos de transgênero. Indígenas acreditavam que uma pessoa capaz de ver o mundo através dos olhos de ambos os sexos era um presente do Criador. As pessoas que reuniam em si características femininas e masculinas eram vistas com reverência. Acreditava-se que elas tinham grande poder.

Mas, de acordo com a pesquisa do site:

> Quando chegaram ao território norte-americano, exploradores que testemunharam a presença desses indígenas que não se encaixavam no padrão binário do masculino e feminino consideraram aquilo um pecado, uma espécie de maldição que havia recaído sobre aquelas comunidades por não se dedicarem ao cristianismo. Com o prosseguimento da colonização, influências religiosas atuaram de maneira devastadora perante esses povos. Em inúmeros casos, pessoas "dois-espíritos" deveriam escolher entre deixar de ser quem eram, negando suas tradições e costumes, ou acabar com suas vidas. Muitas escolheram a segunda opção.

A extinção de diversas crenças nativas aconteceu por todo o continente americano. Colonizadores espanhóis também se empenharam em destruir manuscritos astecas que mencionavam dois-espíritos e seus poderes mágicos. No Brasil, portugueses igualmente se esforçaram para erradicar as identidades de gêneros e comportamentos que hoje seriam considerados transgeneridade e homossexualidade. O que há de generoso nisso? Mas a perda não diz respeito apenas a identidades de gênero.

Quando se fala sobre o poder desses povos de se reconhecerem de forma mais essencial, livre e verdadeira, há ainda algo maior e talvez anterior (às questões de gênero) sobre a existência, que é o reconhecimento por parte de povos originários de que somos natureza. Por conta disso, há experiências no viver indígena que oferecem possibilidades de vida mais responsáveis e, portanto, mais sustentáveis. Outros modos de estar e viver no mundo, para além do sistema capitalista, são praticados por povos indígenas e comunidades tradicionais há milênios.

Para Caporrino:

> É forçoso pontuar que está cientificamente comprovado que, onde há populações tradicionais vivendo em florestas, estas florestas estão mais preservadas. Mas está comprovado que onde há populações tradicionais caçando, pescando e fazendo roçados pequenos, em regime tradicional, há muito mais caça, peixe, biodiversidade, do que nos locais onde há somente florestas. Resumidamente, pode-se dizer que os modos indígenas de se organizar, ocupar a terra e usufruir dos recursos são muito eficientes para a gestão da biodiversidade.

Uma das diferenças do modelo que praticamos em larga escala e o deles é a estreita relação estabelecida entre os processos e os meios de produção. Para diversos desses povos, a terra é de posse coletiva, e não individual. Há mais consciência em seu uso, já que ela não é vista como propriedade privada, mas como espaço de relações sociais sobre uma base territorial.

A natureza é entendida como provedora. Cada ser precisa aprender a respeitar os demais seres e tudo o que — na cultura ocidental — é visto como inanimado. O valor da terra, para os povos indígenas, é diferente do valor numa sociedade capitalista. Para os povos indígenas, a terra não se restringe a um mero recurso a ser explorado em todo o seu potencial. Ela é parte da gente.

A boa notícia é que (apesar das más notícias), se durante um longo período, do ponto de vista ocidental e centrado na razão europeia, as formas de conhecimento e de expressão indígenas eram (desvalorizadas) vistas como mais primitivas, menos complexas e científicas, vemos despontar, cada vez mais, em diversos campos da política, da sociedade e das ciências sociais, uma crítica a esse tipo de raciocínio (limitado) que coloca a vida indígena como obsoleta.

Parece haver cada vez menos certezas sobre um caminho único a trilhar rumo ao desenvolvimento da ciência — e da sustentabilidade. E a cosmovisão indígena tem entrado cada vez mais em pauta — talvez em resposta ao também crescimento das forças que querem manter vivas as estruturas opressoras de poder — para repensarmos as nossas formas de existir.

A cosmovisão indígena tem a ver com a forma como se manifestam e percebem o mundo e com a forma como interagem com os demais. Pela forma como se comunicam e se comportam, bem como em relação às crenças e aos valores que professam, vivem na prática o conhecimento e os ensinamentos dos ancestrais.

Para David Choquehuanca, especialista em cosmovisão andina, a cosmovisão tem como princípio ancestral dessas culturas a harmonia com a natureza, a valorização de suas histórias, das suas músicas, danças e ritos, incluindo a forma como se vestem, praticam sua cultura, seu idioma e a forma como se relacionam com os recursos naturais. Segundo ele, "para os que pertencem à cultura da vida, o mais importante não é a prata, o ouro e o homem. O mais importante são os rios, o ar, as montanhas, as estrelas, as formigas, as mariposas, [...] pois sem essas coisas o homem não pode viver; para nós, portanto, o mais importante é a vida".

Há um conceito andino que abarca a necessidade de resistir contra a colonização e o desenvolvimentismo para bem existir em relação com o cosmos, com a terra, com a comunidade e com o planeta: o *buen vivir* [bem viver, em espanhol]. Adalid Contreras Baspineiro, em seu livro *La palabra que camina: Comunicación popular para el Vivir Bien/Buen Vivir*, explica que a cosmovisão abarca quatro aspectos que se inter-relacionam:

> 1) a harmonia de todos os seres consigo mesmos, sendo essa a dimensão subjetiva e espiritual do buen vivir; 2) a harmonia dos seres humanos em sociedade, a partir do compar-

tilhamento, da solidariedade e do trabalho coletivo, sendo essa a dimensão comunitária do buen vivir; 3) a harmonia dos seres humanos e da sociedade com a natureza, com todos os seres que coexistem na Mãe Terra, a Pachamama, sendo essa a dimensão ecológica do buen vivir; 4) a harmonia com todas as forças da vida, com os ciclos, o tempo e o espaço, sendo essa a dimensão cósmica do buen vivir. Essas esferas se interconstituem dentro de uma cosmovisão, por isso são inseparáveis.

As experiências e os saberes dos povos originários consideram o universo em sua totalidade e inserem o ser humano em uma complexa rede de relações que envolvem os seres, naturais e sobrenaturais, integrando a vida como um todo. Essas cosmologias não se confundem nem podem ser contidas dentro da lógica materialista e mercadológica. É preciso repensar para incluir.

Por isso acredito que temos muito a (re)aprender. Percebo a importância de olhar com mais atenção às diversidades culturais de povos originários e buscar instrumentos mais conscientes e respeitosos de interação, procurando caminhos para apoiar suas lutas, sua existência e resistência.

Se pensarmos o Brasil a partir das cosmologias e histórias indígenas, veremos que esta nação é múltipla e nela coexistem maneiras distintas de pensar e de viver. Precisamos ver representantes de povos originários ocupando posições importantes em estruturas políticas, sociais, culturais e econômicas. Na prática, tem a ver com apoiar indígenas em negócios, candidaturas, produção artística e cultural...

Nossa maior riqueza é justamente a diversidade dos modos de viver, pensar, produzir e sentir dos cerca de 305 povos indígenas existentes e de tantas outras comunidades tradicionais — como quilombolas, seringueiros, castanheiros, ribeirinhos, ciganos, açorianos, caatingueiros. Elas são importantes para manter o patrimônio natural e enorme diversidade ambiental.

Como Krenak diz:

> Está cheio de pequenas constelações de gente espalhada pelo mundo que dança, canta, faz chover. Muitas dessas pessoas não são indivíduos, mas "pessoas coletivas", células que conseguem transmitir através do tempo suas visões sobre o mundo. O tipo de humanidade zumbi que estamos sendo convocados a integrar não tolera tanto prazer, tanta fruição de vida. Então, pregam o fim do mundo como uma possibilidade de fazer a gente desistir dos nossos sonhos.

E em 2018, quando estávamos na iminência de ser assaltados por uma situação nova no Brasil, lhe perguntaram: "Como os índios vão fazer diante disso tudo?". A resposta: "Tem quinhentos anos que os índios estão resistindo, eu estou preocupado é com os brancos, como que vão fazer para escapar dessa".

Filmes

Humano, uma viagem pela vida
O documentário aborda temas como felicidade, propósito, amizade, amor, fé, infância e medo, através de um rico mosaico de entrevistas com pessoas de vários lugares do mundo As respostas muitas vezes emocionam e surpreendem.

Ex-pajé
Filme essencial para entender o que é etnocídio e pensar sobre desigualdades sociais. Mostra a história da tribo pater saruí, que vivia isolada no meio da Amazônia e foi, aos poucos, perdendo sua identidade por conta da invasão e influência do homem branco.

Martírio
O documentário mostra a militância da comunidade guarani-caiowáa — que sofreu um massacre e teve suas terras desapropriadas — e a relevância da sua luta contra os interesses do agronegócio.

Ka'a Zar Ukyze Wà: Os donos da floresta em perigo
O filme é um pedido de socorro para a comunidade awá guajá, que vive nas Terras Indígenas de Arariboia, no interior do Maranhão, e sofreu um dos maiores incêndios já registrados na Amazônia.

Livros

Todas as coisas são pequenas
Daniel Munduruku adentra o terreno da literatura para adultos, criando uma obra que se aproxima do modelo do romance barroco. O livro transmite uma visão em que as pessoas do mundo civilizado têm objetivos excessivamente materialistas, enquanto o mundo indígena está integrado com as forças da natureza.

A queda do céu: Palavras de um xamã yanomami
O livro de Davi Kopenawa e Bruce Albert tem a potência de mostrar para a gente que, apesar de parecer que estamos habitando o fim do mundo, é possível que um conjunto de culturas e de povos ainda seja capaz de habitar uma cosmovisão, habitar um lugar neste planeta de uma maneira tão especial, em que tudo ganha um sentido. As pessoas podem viver com o espírito da floresta, viver com a floresta, estar na floresta.

Tembetá
O livro reúne seis entrevistas realizadas com grandes lideranças indígenas: Ailton Krenak, Álvaro Tukano, Biraci Yawanawá, Eliane Potiguara, Jaider Esbell e Sônia Guajajara. Busca traçar um panorama do pensamento indígena contemporâneo, explorando temas que extrapolam as questões indígenas, como cultura, educação, política, direitos humanos e ecologia.

Exercite

"A letra da mulher indígena é coletiva: ela escreve com a voz da mata, da floresta, dos animais, das avós, dos avôs, da aldeia, dos encantados", diz Auritha Tabajara.

O Leia Mulheres Indígenas é uma rede de difusão das produções, em língua portuguesa e/ou materna, das mulheres indígenas residentes em território nacional brasileiro. Esta rede é constituída pelas próprias escritoras: Aline Ngrenhtabare Kayapó, Aline Pachamama, Auritha Tabajara, Chirley Pankará, Denízia Kawany Fulkaxó, Eva Potiguar, Fernanda Vieira, Geni Núñez, Iasipitã Potiguara, Julie Dorrico, Márcia Kambeba, Márcia Mura, Telma Tremembé, Txama Puri, Zélia Puri, com a intenção de gradativamente agregar cada vez mais.

Para conhecer e apoiar, o contato pode ser feito através do perfil @leiamulheresindigenas no Instagram ou pelo Facebook.

Para pensar e conversar
Se em vez de olharmos os povos originários como aqueles que chegaram primeiro e invertermos o binóculo, seremos percebidos pelo olhar deles. E o que eles diriam sobre nós?
(Pergunta de Ailton Krenak)

Plantar

Desde criança eu sentia um chamado para conhecer a floresta. Guardo até hoje alguns desenhos de quando sonhava como ela seria. Em 2015, finalmente, fiz uma viagem de imersão pela Amazônia. Minha guia foi Karina Miotto, jornalista e ativista, com passagens pelo Greenpeace e pela Amazon Watch, que realiza o projeto Reconexão Amazônia — uma viagem para (re)conectar as pessoas afetivamente com a floresta.

Durante o retiro — entre momentos de contemplação, silêncio e meditação —, descobri o que estava fazendo ali. Ao desenvolver ainda mais empatia e carinho pela floresta, compreendi que aquele chamado era para ajudar a salvá-la. E, numa velocidade avassaladora, fui conhecendo pessoas, histórias e vivendo situações que acordaram minha consciência para sua preservação.

Comecei a entender que o problema da Amazônia não é só dos povos indígenas ou das comunidades ribeirinhas, que estão morrendo (muitas vezes sendo exterminados) e ficando sem terra por causa do desmatamento para a pecuária e a construção de hidrelétricas. Também não é "só" problema da natureza. É problema de todo mundo (além até do Brasil) que bebe água e respira.

Hoje a floresta corresponde a 60% do nosso país, e 60% dela está no Brasil (o restante está dividido entre outros oito países) e funciona como o coração e o pulmão da Terra, respirando e bombeando água para todos os cantos. Muita gente não sabe, mas a Floresta Amazônica desempenha um papel vital na estabilização do clima global e no nosso futuro.

As árvores atuam no ciclo da chuva, aumentam a umidade do ar e estocam carbono — que combate o efeito estufa. Quando não chove, por exemplo, em São Paulo, é por causa do desequilíbrio que ocorre lá. Sozinha, ela é responsável por um sistema de evapotranspiração que forma os chamados "rios voadores" (carregados de água), que levam chuva e umidade para vastas regiões da América do Sul. O desequilíbrio desse sistema desequilibra o planeta e todos nós. O impacto vai desde rios secos até contas de luz mais caras, por causa da seca em hidrelétricas.

Mas infelizmente, nos anos recentes, a cada dezoito segundos, um hectare de floresta vem sendo convertido em pasto. Isso faz do Brasil o quarto maior emissor mundial de gases do efeito estufa — liberados com o desmatamento e as queimadas. Além da pecuária, parte da terra é utilizada para construção de fábricas de madeira e papel e de hidrelétricas. Estas têm sido motivo de grandes revoltas locais, pois provocam catástrofes ambientais e econômicas, levando à extinção de espécies, comunidades, além da obstrução dos rios.

Tudo isso pode levar a floresta a ser extinta nos próximos dez anos. O mais chocante é que diversos relatórios do Banco Mundial, de institutos de pesquisa e de ativistas, como o Greenpeace, mostram de forma consistente que a pecuária ocupa cerca de 80% de todas as áreas desmatadas da Amazônia.

Para piorar, o Greenpeace confirma que mais de 90% da destruição florestal é ilegal. Isso torna a pecuária o maior vetor de desmatamento ilegal do mundo. O relatório "A farra do boi", de 2009 (Greenpeace Brasil), liga a cadeia contaminada de produtos amazônicos aos fornecedores de muitas marcas reconhecidas mundialmente (de carnes, roupas e automóveis). E aponta o governo como principal financiador da pecuária.

Por pecuária, entenda a carne que comemos e o couro que vestimos. Florestas de valor insubstituível — e vitais para nossa existência — estão sendo destruídas para dar lugar ao gado, utilizado posteriormente para a produção de laticínios, hambúrgueres, sapatos, bolsas e cintos (globalmente, quase metade da produção de couro é destinada à confecção de sapatos, seguida da fabricação de móveis e estofamento para automóveis), além de plantações para alimentar esses animais.

A pecuária tem se mostrado inviável para o mundo em que vivemos. Não existem animais suficientes para atender à demanda atual e não existe maneira sustentável de dar conta dessa demanda. É a indústria responsável por 51% das mudanças climáticas do mundo, incluindo o aquecimento global. Produz cerca de 65% do óxido nitroso que polui o planeta. Estima-se que as emissões de CO_2 provenientes da pecuária aumentem 80% até 2050.

O consumo caseiro de água equivale a 5% do consumo total no mundo, enquanto a criação de animais corresponde a 55%. Ela é também a principal causa de consumo de recursos e da degradação ambiental que destrói o planeta, ocupando 41% da terra do mundo. E, enquanto pessoas morrem de fome, 50% dos grãos e dos legumes plantados servem para engordar animais que serão abatidos. Além disso, essa indústria é responsável pela poluição das águas e pelo surgimento de zonas mortas, onde nenhuma espécie de vida é capaz de sobreviver (esses dados são do documentário *Cowspiracy: O segredo da sustentabilidade*).

Assim, mesmo que não fosse ilegal, a pecuária dificilmente é legal. E isso não é dito. Muito pelo contrário, querem nos fazer acreditar que o agro é pop, pois — e isso é verdade — o setor é um dos mais importantes em termos de faturamento e exportação para o Brasil. É um grande gerador de empregos.

Ou seja, é uma grande arapuca. Muitas pessoas parecem não querer se aprofundar nessa questão, pois as faria ter que tomar uma atitude e pensar em novas alternativas (de emprego, produção, renda, alimentação, estilo de vida, ética...). No Brasil, falta bastante consciência e atitude sobre o tema. O consumo de carne no país é o dobro do sugerido pela Organização Mundial da Saúde (OMS).

Mas existe muita gente trabalhando e lutando para mudar esse cenário, principalmente combater as organizações criminosas que se estabeleceram na floresta para exploração ilegal. Muitas dessas pessoas pagaram com a própria vida — mais de 1100 ativistas foram vítimas de assassinato nos últimos vinte anos no Brasil. Além desses ativistas, o extermínio de povos indígenas é conveniente ao sistema, pois são eles que mantêm a floresta em pé.

Ao saber disso tudo eu tomei uma decisão. Parei de comer carne. Essa foi a forma que encontrei de, individualmente, não compactuar com o que acontece na Amazônia — com a natureza, com indígenas, com ativistas e com os animais sacrificados. Além da minha alimentação, mudei o jeito de me vestir, abrindo mão de tudo o que tenha origem animal (peles — o couro por exemplo —, lã, seda...). Também não uso cosméticos e produtos de higiene de marcas que pratiquem testes em animais.

A questão ambiental foi o que me motivou. Algumas pessoas se sensibilizam com a causa animal, mas pelos dados acima dá para ver que vai muito além. A pecuária mata não só animais como também grande parte da natureza, impactando inclusive na nossa vida (e tirando a vida de outras pessoas).

Sozinho eu vou acabar com o desmatamento? Evidente que não. Mas faço a minha parte e espalho essa mensagem por onde passo para engajar cada vez mais pessoas. Essa é mais uma atitude a favor da expansão da minha consciência e do coletivo. Para mim, é também um ato político e de resistência.

E do individual para o coletivo e depois para o sistema, vamos causando impacto. Como foi o caso da Alana Rox, uma das maiores vozes do veganismo no Brasil. Alana nasceu naturalmente vegetariana numa família carnista gaúcha. Desde bem pequena não aceitava animais na comida (ela lembra que a mãe e o pai não entendiam, a obrigavam a comer, a deixavam de castigo...) e diz que seu despertar para uma mudança completa na alimentação foi pela dor.

Ela cresceu ovolactovegetariana, consumindo derivados de leite que causavam muitos processos inflamatórios (todas as "ites" — laringite, sinusite, rinite...), tinha muita enxaqueca, que era o gatilho para crises de pânico e ansiedade. Sua mãe também tinha muita enxaqueca e, quando fez 42 anos, teve três AVCs isquêmicos graves, com inúmeras sequelas irreversíveis.

Foi quando ela resolveu começar a estudar o funcionamento do nosso organismo e descobriu que herdamos muito mais que os genes. Herdamos os hábitos errados de uma família e de uma sociedade inteira vítimas de um sistema que gera a doença e vende o remédio. Alana se aprofundou em fisiologia humana, nutrologia, antroposofia... e percebeu que tudo se encaixava.

Para se libertar das dores do corpo e da alma, começou a criar receitas à base de plantas (*plant based*) que não apenas desinflamariam seu organismo, como a levariam muito mais além. Alana se tornou vegana em 2004 e diz que desde então não tem nenhuma dor, não fica gripada, sua mente funciona como uma máquina, sua memória melhorou, seu cabelo ficou forte...

Ela sente que, desde que começou a ajudar seu corpo a ser como nasceu para ser, ele parou de se defender dela. O despertar para o sofrimento animal e ambiental veio logo em seguida. Ela descobriu o que acontece com os animais e o impacto negativo que a indústria que os explora gera para o meio ambiente, e se recusa a estimular isso ou consumir qualquer produto de origem animal.

Para ela, praticar o veganismo é se colocar no lugar do outro, é ter empatia por todo e qualquer ser. "Eu não sou vegana apenas por mim. Não é uma escolha pessoal quando essa escolha fere a escolha do outro de viver ou de ter um planeta sadio para habitar. Eu me tornei vegana por saúde, mas é a empatia pelos animais e por qualquer ser que me mantém vegana dia após dia", me disse.

Em 2013 ela começou a sentir um chamado muito forte para fazer algo que não sabia o que era. Então encerrou sua carreira na música e começou a usar sua voz para despertar pessoas a se libertarem de doenças e se conectarem a algo maior, O AMOR. Depois disso, tudo se encaminhou para que ela ganhasse visibilidade nas redes sociais, que a levou a ter um programa de televisão, livros e um restaurante (assim, do individual, para o coletivo e então o seu sistema).

O veganismo é mais que uma dieta que elimina tudo de origem animal da alimentação. É mais que um movimento: é uma filosofia de vida que acredita nos benefícios da não violência e na purificação do corpo através do amor. É a favor dos direitos e da proteção dos animais. Mas também é a favor das árvores e da nossa existência. A alimentação vegana e a vegetariana reduzem muito o impacto negativo de cada um de nós no planeta, e contribuem com o equilíbrio do todo.

A crença de que somos maiores e melhores que a fauna e a flora moldou o atual sistema legal, político e econômico. Em algum lugar do passado, o mundo pertencia a todos os seres que habitavam nele, não existia distância ou separação. As pessoas falavam com as plantas e os animais, que eram sagrados. Reverenciavam a natureza. As festas mais animadas e importantes eram as da colheita, quando o Sol era amigo e beneficiava a plantação.

Até que começamos a nos desconectar. E como tudo acaba virando negócio, nossa relação com os animais foi manipulada para que alguns grupos pudessem se beneficiar. Por que para algumas pessoas maltratar um cachorro não pode, mas um rato ou um boi sim? Isso é especismo. A verdade é que somos iguais à maioria dos animais. Quem diz isso não sou eu, é a ciência.

O projeto Genoma (trabalho conjunto realizado por diversos países para desvendar o código genético de organismos vivos) revelou que mais de 99% dos genes de um ser humano são idênticos aos de cachorros, gatos, pássaros, fungos e árvores. É isso, são todos nossos parentes, nossa família (!). A vida (em todas as formas) é nossa parente biológica. Estamos conectades a tudo que vive nesta grande rede.

Quando você pensa assim, a perspectiva muda de "Estou protegendo o mundo, a natureza, as árvores, a água, o ar, as pessoas..." para "Sou parte disso e, quando protejo e cuido disso tudo, eu me cuido e me protejo". Mas a questão é profunda. Às vezes, econômica e até religiosa. Às vezes as duas juntas.

O catolicismo (que influencia diversas culturas) não fala em preservação de animais. Ainda sugere não darmos ouvidos a eles (ou será que somente à serpente não pode?). E na história bíblica da arca, após o dilúvio, Noé monta um altar ao Senhor e sacrifica alguns animais como oferenda. Já o judaísmo é um pouco mais amigável, sugere inclusive que os animais descansem no shabat — mas isso não impede de matá-los.

Outras religiões os reverenciam. No hinduísmo, por exemplo, muitos deuses ainda se parecem com animais. A religião tem como pilar o *ahimsa*, que sugere não dor, não violência e não maldade contra todos os seres (animais humanos e não humanos). Santifica vacas e desencoraja o consumo de carne. Isso serve para vermos como o especismo é uma criação social.

Algumas pessoas diriam que talvez a exploração se dê pela falta da "alma". Mas esse é um assunto polêmico (tem gente que acredita, tem gente que não). Fato é que até hoje a ciência não comprovou a existência da alma, nem em pessoas nem em animais. Mas, se fosse o caso, essa diferença daria direito à exploração?

Lembro que aprendi no colégio (e isso me marcou muito) que a Igreja católica aceitava a escravidão, pois acreditava que a população negra não tinha alma. Hoje temos consciência de que qualquer tipo de exploração humana está errada. Torço para que, em algum momento do futuro, a humanidade perceba também o quão errada é a exploração animal.

Mesmo que não se comprove a existência da alma (deles), (nós) temos consciência. Esse é um grande diferencial do ser humano. E precisamos usá-la a nosso favor. Este momento que estamos vivendo é propício à expansão da consciência e do conhecimento de tudo que estamos tratando aqui. Precisamos ajudar a promover esses temas e pensar de forma crítica no nosso dia a dia. Principalmente pela questão cultural, de violência e de exploração.

Nosso sucesso está relacionado ao sucesso de todas as pessoas e do planeta. Porque precisamos de outras pessoas para comprar e produzir o que fazemos. Precisamos do planeta para fornecer recursos para o que produzimos. E quando abraçarmos de fato a ideia de que somos uma coisa só e usarmos isso em nossa vida diária, mudando nosso estilo de vida, alimentação, produção e organização da sociedade com suas regras e leis, conseguiremos plantar o futuro.

Filmes

Cowspiracy: O segredo da sustentabilidade
O documentário foi viabilizado por financiamento coletivo e depois relançado na Netflix, produzido por Leonardo DiCaprio. O filme mostra como a agropecuária intensiva está dizimando os recursos naturais do planeta e por que essa crise tem sido ignorada por grandes grupos ambientalistas.

What the Health
O filme destaca os perigos que a dieta baseada em carnes e laticínios traz para nossa saúde e a do planeta, por causa da indústria alimentícia moderna e de suas articulações com o governo, que só visam ao lucro. Traz histórias e entrevistas com profissionais do agronegócio, da medicina e de outras áreas.

Sustainable
Investiga a ligação entre a instabilidade econômica e ambiental e o sistema alimentar dos Estados Unidos. Traz luz para questões agrícolas graves como perdas de solo, esgotamento da água, mudanças climáticas, uso de pesticidas. É um filme importante para entender o conceito de sustentabilidade.

Livros

A política sexual da carne
Unindo feminismo e vegetarianismo, Carol J. Adams vem transformando a maneira como milhares de pessoas enxergam o mundo. O livro demonstra a estreita ligação entre a dominância masculina — e a consequente cultura de violência contra a mulher — e o ato de comer carne.

O último teste
Ricardo Laurino, presidente da Sociedade Vegetariana Brasileira, revela a realidade das pesquisas científicas em animais por meio de uma ficção investigativa. Ótimo para quem quer provocar o pensamento em relação a testes em animais, interesses políticos e interesses financeiros.

Diário de uma vegana
Alana Rox compartilha sua história e, principalmente, sua culinária nesse livro. Ela mostra que o estilo de vida vegano pode e deve incluir sabor e prazer, sem sacrifícios. São mais de setenta receitas fáceis e saborosas para todas as refeições do dia.

Transição alimentar

Existem algumas dicas e informações importantes para quem pretende iniciar um processo de transição para uma dieta à base de plantas. Aqui vão algumas delas:

- Estude, pesquise, busque informações e, se possível, apoio de profissionais de saúde para fazer essa transição.
- Antes de cortar alimentos (de origem animal e derivados), procure incluir alimentos ricos em nutrientes e proteínas. É mais fácil ir fazendo a transição aos poucos, enquanto você e seu corpo se acostumam.
- Experimente comer alimentos de que você achava que não gostava, de várias formas diferentes. De acordo com a combinação e os temperos, eles podem ficar bem diferentes.
- Busque comer três tipos de fruta por dia e verduras (verdes) em ao menos duas refeições. Uma ótima forma é combiná-las em sucos verdes (ou da cor que você quiser).
- Não busque apenas versões vegetais de alimentos de produtos de origem animal (como leite vegano, hambúrguer vegano, queijo vegano). Experimente e tente novos sabores em combinações originalmente de vegetais (saladas, por exemplo).
- Cuidado para não substituir os pratos de origem animal somente por massas, frituras e outras co-

midas com baixo percentual nutriente e alto percentual calórico.

- Cozinhe para ter autonomia. Conhecer, comprar e fazer sua própria comida faz toda a diferença nesse processo.

> Para pensar e conversar:
> **Por que nos damos o direito de explorar a natureza?**

coisas que são produzidas

coisas que são utilizadas

Questionar

Mais uma das (não) coincidências da vida... Você sabia que o Dia do Consumo Consciente é 15 de outubro, junto com o Dia do Professor? Eu acho muito simbólico, pois, para mim, consciência tem tudo a ver com informação, educação e conhecimento. Mas, se os tempos parecem difíceis para comemorar o dia de quem nos ensina, que dirá o do consumo consciente (eu, por exemplo, acordei no último ano com mensagens de *promoções* para o "consumidor consciente" — pode isso?!).

Quem tem algum conhecimento do assunto questiona o termo, pois sabe que todo tipo de produção (digamos) convencional está ligado a devastação do meio ambiente e exploração de muitas pessoas (desde quem faz até quem compra), logo, comprar qualquer coisa gera um impacto no planeta e ainda há muita falta de informação e consciência sobre esses impactos. Como consumir de maneira consciente então?

O termo "consumir" originalmente tem a ver com destruir, saquear, exaurir. Surgiu como uma palavra impregnada de violência e já esteve relacionada a doenças e seus efeitos. Com o tempo ganhou novo significado. Durante minha infância/adolescência era algo positivo que conferia status a quem podia se dar ao luxo de consumir. Recentemente tem se tornado algo a questionar.

A Revolução Industrial colocou o foco da sociedade nas empresas, nos produtos, no lucro. Depois disso, nunca mais fomos iguais. A sociedade industrial fez das pessoas seres de produção e consumo. Ela nos isolou do mundo natural e nos fez perder a conexão com outros seres e a noção de que somos Terra consciente. A busca pelo dinheiro tomou conta de tudo. Perdemos a conexão com o que é sutil e imaterial.

Em dois séculos, as empresas e o sistema capitalista transformaram o mundo e nossa vida. Foram muitas inovações, tecnologias e conquistas. Mas parece que muita gente se atrapalhou, sem saber lidar com essa fonte de energia que é o dinheiro. Começamos a destruir muito de tudo. O dinheiro tornou-se o deus da economia, favorecendo valores materiais e o ego (diferente do antigo Deus das religiões que privilegiava valores sutis). "Ele" passou a organizar a vida, em torno do produzir e do consumir.

Perdemos a noção de que os recursos são finitos. Passamos a querer mais. O capitalismo instaurou a cultura do "ter". Essa ideia arruinou a vida de muitas pessoas, que passaram a tomar suas decisões baseadas em quanto poderiam "ganhar" e "parecer". Programas mentais de medo, escassez, concorrência tomaram conta do mundo. Apesar de tantas maravilhas, a ganância, a competição e a exploração de quem consome, de quem trabalha e até mesmo do planeta tornaram-se banais na busca desenfreada por lucro e riqueza. Tudo passou a ser objeto.

A industrialização precisou manufaturar demanda (para possibilitar o crescimento da produção e das empresas). O consumo foi vendido como uma porta de acesso para a felicidade. As pessoas foram estimuladas a comprar mais que o necessário. Então elas compraram, compraram e compraram, mas continuaram infelizes.

O consumo virou consumismo e pilhou as pessoas num nível de ansiedade extremo. Quanto mais ricas, mais esgotadas, dependentes e deprimidas muitas se tornaram. Muita gente que conseguiu ter abundância material percebeu que não teve suas carências imateriais (afetivas, estéticas, sociais, filosóficas...) atendidas.

Mesmo assim, nossa sociedade, engolida pela lógica capitalista, parece continuar buscando sentido na única coisa que lhe foi dada como objetivo de vida (consumir). É que culturalmente acreditamos que o consumo é que cria nossa identidade. Sob a ideia de que "você é o que você consome", o marketing e a moda continuam reforçando crenças fundamentadoras do colapso ambiental que agora dizem combater. Desse jeito, não tem futuro.

Já se sabe que os recursos são finitos, mas muitas pessoas ainda estão preocupadas em construir suas identidades e encontrar a felicidade saqueando bens limitados, deixando um péssimo (ou nenhum) legado para as próximas gerações. São poucas as pessoas que já entenderam o que está acontecendo e revisaram de fato os seus hábitos de produção e consumo. Muitas ainda querem de tudo.

Mas será que tem para todes? Adoro uma frase do Gandhi que diz que "a Terra tem o suficiente para todas as nossas necessidades. O suficiente para nossas *necessidades*". Mas, se todo mundo quiser morar de frente para o mar, numa cobertura, dirigir um carro conversível, comprar roupa nova todo dia e usar o celular (que ainda não ficou obsoleto) da vez, não tem para todo mundo. Assim vamos criando uma sociedade insustentável — pela falta de consciência, pela fragilidade emocional e pela selvageria do capitalismo. Por isso tenho dito tanto que a sustentabilidade precisa do autoconhecimento.

No início da pandemia de 2020, os serviços classificados como "não essenciais" foram fechados em um primeiro momento. O quão simbólico pode ser isso? Uma frase (de autoria desconhecida) circulou as redes sociais dizendo: "O comércio precisa reabrir urgentemente antes que as pessoas percebam que não precisam de 80% do que consomem". Durante esse período, muita gente refletiu sobre quais eram suas reais necessidades e o que era essencial para suas vidas.

Para alimentar e satisfazer as vontades de todas as quase 8 bilhões de pessoas que somos na Terra, estamos consumindo o planeta — literalmente, no sentido original da palavra — e acabando com ele. Mas o show, quer dizer, as máquinas têm que continuar. Não podem parar. Por isso tanta falta de informação sobre o tema. A alienação é intencional.

Campanhas de "conscientização" dizem para fechar a torneira, para tomar banhos curtos, a fim de criar um ambiente psicológico que despista a verdadeira razão do esgotamento das fontes de água (certamente o real motivo é o ganho de vantagens de alguém). A indústria do plástico nos leva a acreditar que ele será reciclado, para que continuemos consumindo sem critério. O mesmo deseja a indústria do papel, e por aí vai.

Combustíveis fósseis (como o petróleo) já deveriam ter sido abandonados no fim do século passado. Todos os relatórios da década de 1990 diziam que a gente precisava parar de consumir petróleo, que ele poderia acabar. De lá para cá, só aumentou a quantidade de coisas feitas de petróleo (como plásticos descartáveis), e assim surgiram novas empresas e novos produtos.

Uma das razões do consumo (produção e comunicação) "inconsciente" é que, se todas as 8 bilhões de pessoas souberem o que está por trás do que consumimos, dos impactos diretos que causam na nossa vida e na vida do planeta, o capitalismo quebra. E você já imaginou a quantidade de gente, empregada em serviços "não essenciais", que ficaria sem emprego num primeiro momento (até que novos arranjos se estabelecessem)?

Os únicos períodos na história nos quais houve redução do efeito estufa das emissões globais foram períodos de crise econômica e estagnação. Isso comprova que o distanciamento entre "quem somos" e nossa origem criou um sistema "arapuca", no qual todo crescimento em algum ponto nos desfavorece. Não há intenção de explicação ou compreensão, pois qualquer tentativa desvenda a complexidade dos sistemas produtivos e da organização sociopolítica. Descobre-se um universo de variáveis e desafios indigestos.

Então, em paralelo aos movimentos de expansão da consciência, para as empresas continuarem crescendo, produzindo e vendendo (e algumas poucas pessoas enriquecendo — muito), surge o mito da sustentabilidade, que, de mãos dadas com o mito do consumo consciente, tem se revelado para mim um dos maiores desserviços dos tempos modernos. E um dos maiores desafios para o futuro. Sim (não se assuste), vou explicar.

Estudando e atuando em projetos e marcas sustentáveis há alguns anos eu posso te garantir: a sustentabilidade como tem sido vendida não existe. Trata-se de uma narrativa forjada para continuar conquistando consumidories com a ideia de que aquilo que se está consumindo é produzido de maneira 100% sustentável, mas (na maioria das vezes) é mentira — seja por uma incapacidade do mercado de ser sustentável, seja pela falta de conhecimento do que é sustentabilidade, ou na maioria das vezes é uma mentira mesmo para surfar uma tendência.

Vamos começar entendendo o conceito de sustentabilidade (que é bem amplo e com diversas definições). Eu curto o pensamento de que a sustentabilidade tem a ver com satisfazer as necessidades do presente sem comprometer as gerações futuras. Mas, peraí, nós já não estamos conseguindo satisfazer as necessidades de agora! Vivemos uma série de problemas sociais, problemas de distribuição de renda, exaustão e escassez de recursos naturais, poluição, crimes ambientais e crise econômica. Nossa comida, nossas roupas, nossos transportes (em grandessíssima parte) são insustentáveis, e iniciativas isoladas não mudam isso.

Se levarmos em conta a teoria do cheque especial ambiental (eu explico no capítulo "Regenerar"), hoje já precisamos de mais ou menos dois planetas para dar conta do sistema de produção e consumo em um ano. Prever as necessidades futuras também é uma utopia, pois não sabemos o que nos espera. Não sabemos nem se vai ter futuro.

Para o agora, dizem que a sustentabilidade deve considerar aspectos ambientais, culturais, econômicos e sociais. Mas, quando falamos disso, estamos querendo dizer que é socialmente justo para quem? Culturalmente adequado a quais valores? Ambientalmente correto para qual demanda? Economicamente viável sob qual medida?

Você sabia que a mineradora Vale e a empresa Fibria, que atua no setor de papel e celulose, ambas com histórico de crimes socioambientais, figuram na lista de investimentos "sustentáveis" da BM&F Bovespa?! É que basta preencher um formulário para fazer parte dessa lista (eu li em uma matéria no Modefica). E assim vão se criando e reforçando narrativas que mais servem para confundir e alienar o mercado. Qualquer coisa pode ser sustentável, desde que ganhe esse rótulo.

O conceito de sustentabilidade, que sempre foi bem aberto, tem sido cada vez mais deturpado. Frágeis ou falsas narrativas ajudam a confundir mais ainda essa história. É por isso que recomendo questionar quem se diz sustentável. Sempre que ouço isso eu procuro saber quais são as iniciativas em prática, e verifico se fazem parte de todo o processo (do início ao fim) e em todas as áreas da empresa. Somente assim uma companhia pode ser considerada sustentável — caso contrário é falta de conhecimento ou má-fé.

A sustentabilidade entrou na moda. Assim como a alimentação consciente, a prática de esportes e a vontade de bem-estar. Existe a expansão de um olhar cada vez mais holístico, integrado, e isso favorece um florescimento (com trocadilho) de ideias que geram menos impacto negativo. Mas precisamos cuidar para não nos manipularem (mais uma vez). A sociedade atual de consumo, acúmulo e desperdício deveria desaparecer pela aplicação sistemática do princípio de frugalidade, que tem a ver com consumir o mínimo possível.

Ou seja, a economia do consumo deveria dar lugar à economia da... economia (mas sem privação ou mesquinharia, pela simples consciência de dispensar o que não tem utilidade, entendendo que será preciso gerar mais do que destruímos para viver). Mas não é o que estamos vendo.

No lugar disso, no momento em que as feridas da Terra passaram a ser expurgadas e pessoas passaram a ter mais consciência, foi dada a largada para uma economia na qual o que é sustentável tem valor. E, em vez de se consumir o "mínimo" possível, é aceitável consumir o que foi feito "da melhor maneira possível". Assim, a lista de "coisas" de que as pessoas precisam mudou, porque agora tudo tem que "ser verde" — e se for verde tá tudo bem, "não importa o quanto você compre".

Assim vemos crescer iniciativas que vão do plástico verde aos tecidos feitos de milho, que parecem bacanas à primeira vista, mas que muitas vezes não têm nenhum comprometimento com estudos de ciclo de vida, olhar sistêmico ou análises necessárias para levantar dados concretos e dar respaldo ao que se vende. É o tal "ambientalismo performático", como chamou Marina Colerato, do site Modefica. Adoro quando ela diz: "Basta usar o sufixo 'sustentável' ou 'ecológico' para [...] criar tração de mercado".

Só que muitas vezes o plástico é "verde", mas é produzido por uma empresa atrelada à corrupção política, vem da cana-de-açúcar, que prejudica a Amazônia e o Pantanal, e o milho para fazer o tecido vem dos latifúndios do agronegócio que tanto ameaçam a política ambiental do país. Mas não importa, para o mercado é tudo "renovável" e, por isso, "sustentável".

O modelo do passado centrado em valores materiais não satisfaz à nossa época. É hora de inventar uma nova economia. Teoricamente, para chegarmos a cenários mais sustentáveis teríamos que tomar atitudes mais sustentáveis. Mais ou menos. Isso já não é suficiente. Para sermos eficazes precisamos envolver mudanças na superestrutura de um sistema capitalista que não para e não vai parar de querer crescer, até que novas formas de desenvolvimento da nação, de medição de lucro e de impacto surjam.

Não posso negar que existem muitas pessoas (e empresas) se movimentando, tentando descobrir novos caminhos. A busca pela sustentabilidade é uma longa jornada, que precisa começar de alguma forma. Pequenas iniciativas podem sim ser verdadeiras, genuínas, podem ser o início do movimento de transformação, uma transição. A intenção aqui não é invalidar quem está querendo melhorar e muito menos desconsiderar quem age de forma verdadeira e está buscando uma transição. Mas até isso tem sido usado erroneamente como argumento.

É muito importante entender — e questionar para fazer as empresas entenderem — que a mudança precisa ser sistêmica, deve considerar os impactos dos processos como um todo, com novos padrões de criação, produção e consumo que protejam as capacidades regenerativas da Terra, os direitos humanos e o bem-estar comunitário.

Não devemos buscar somente uma compensação ou aliviar o peso na consciência. Isso significa pensar produtos que realmente sejam relevantes para as pessoas e a favor da vida. Não podemos mais nos enganar, acreditando que a solução seja apenas a criação de algum produto sustentável. Ou somente plantar árvores para apenas compensar o impacto de uma produção irresponsável.

Todos os produtos precisam ser relevantes, "essenciais". Precisam ser a favor da vida (com uma seleção consciente e amorosa do uso de matéria-prima, dos processos de produção, armazenamento, distribuição...), considerando os impactos que causam no meio ambiente e na comunidade. É preciso mudar estruturas. Mudar o sistema. Reinventar a cultura material. Perseguir sistemas inovadores e transgressores. Reinventar (com a certeza de que vivemos em um sistema complexo e vivo e que por isso nenhuma solução será definitiva).

Apesar de ainda serem cenários utópicos, precisamos nos aproximar de processos inovadores na tentativa de alguma reinvenção. A missão de transformar um sistema que vem se consolidando há séculos é bastante desafiadora, e iniciar algo novo e "sustentável" também é. Precisamos ter paciência. Apoiar. Mas com vigilância e atenção. Buscar entender e questionar desde as formas de pensar sustentabilidade até as possibilidades e as impossibilidades de mudar.

Cada escolha gera uma reação que precisa ser levada em conta. Toda iniciativa pode ter um lado positivo e negativo. O "consumo consciente" precisa deixar de ser vendido como algo que não gera impacto negativo, ou como algo que salva o mundo. Talvez seja mais honesto assumir, em um primeiro momento, a revisão de atitudes mais insustentáveis, como uma maneira de melhorar — não como uma narrativa comercial.

É preciso desconstruir narrativas que não nos levam a lugar nenhum. Ao comunicar suas iniciativas, uma empresa precisa estar preparada para ser questionada. E as pessoas precisam se acostumar a questionar. Consumo consciente não é uma responsabilidade apenas de quem faz ou de quem consome. É um processo de corresponsabilidade. Somente assim conseguiremos entender quem de fato está atuando para disseminar uma nova consciência e quem está apenas querendo surfar uma onda (cheia de peixes com microplásticos na barriga).

Filmes

The Rise of Lowsumerism
Minidoc resultado de diversos estudos realizados pela Box1824, narra de maneira sucinta como surgiu, se desenvolveu e vem se transformando o hábito do consumo no século XXI. E o mais importante: como isso vem trazendo resultados desastrosos para o planeta.

Capitalismo, uma história de amor
Michael Moore critica o capitalismo nos Estados Unidos e tenta mostrar o quão falido e injusto o sistema é. Traz não só dados e índices econômicos que mostram a decadência do sistema no país, mas também pessoas que (de alguma forma) são prejudicadas pelo capitalismo.

Vivendo com um dólar
Documentário que conta a história de quatro amigos que, após estudarem economia na Califórnia, decidem viver com um dólar por dia para poder entender como a vida na pobreza funciona. No site www.livingononedollar.org é possível saber mais sobre o projeto e doar para combater o problema.

Livros

Moda com propósito
Meu segundo livro vai além da venda e do marketing e nos mostra como é necessário entender certos valores, como sustentabilidade, comércio justo, consciência social e cultural, para ser capaz de inovar e empreender com sucesso.

A Quarta Revolução Industrial: do setor têxtil e de confecção
Nesse livro, Flavio da Silveira Bruno trata dos efeitos a montante da disseminação de fábricas com princípios da Indústria 4.0 que serão capazes de impulsionar a demanda qualitativa pelo desenvolvimento científico e tecnológico no setor. Uma nova estrutura industrial poderá surgir em níveis locais e regionais.

Utopia da sustentabilidade e transgressões no design
Leila Queiroz nos alerta para a necessidade de visar a — mesmo a princípio utopicamente — sistemas sustentáveis que sejam parte integrante de modelos socioambientais e contribuam para uma maior qualidade de vida para todos.

Alguns folclores sustentáveis

1) *Reciclado*: É sem dúvida um caminho promissor para a construção de uma nova lógica de produção que gere menos impacto negativo no planeta. Mas hoje atuar na reciclagem sem considerar impactos sistêmicos não é o suficiente. Uma roupa "reciclada" feita de plástico (poliéster ou PET, por exemplo) causa impactos no pós-consumo, como a liberação de microplásticos em processo de lavagem (que acabam virando comida de espécies marinhas e consequentemente de pessoas que se alimentam dessas espécies), e quando descartadas demoram séculos para se decompor, gerando mais impacto (por causa dos gases liberados durante o processo de apodrecimento). Ou seja, não é porque é reciclado que não gera impacto ambiental. Depende muito do que está sendo reciclado e em qual contexto está inserido. Avalie.

2) *Reciclável*: Ser "reciclável" também não é garantia de nada, pois a taxa de reciclagem no Brasil é irrisória, e reciclar sacolas plásticas, roupas e acessórios por aqui ainda é raro. É importante procurar entender se a marca se responsabiliza pela reciclagem de tais produtos ou onde eles podem ser reciclados no Brasil (para onde se deve destinar um produto), se de fato eles voltam para o ciclo produtivo da marca, sendo usados como matéria-prima para novos produtos, sem a necessidade

de extrair novos recursos da natureza, ou se existe uma cadeia de reciclagem estruturada que faz sentido. Caso contrário, a marca só estará solucionando uma parte do problema.

3) *Vegano*: Com o crescimento do movimento de mudança de alimentação, cresce o número de marcas se posicionando como veganas. Mas da mesma forma que comida vegana não é sempre sinônimo de saúde, um produto vegano não é garantia de "sustentabilidade", impacto zero ou preservação total da natureza. É importante entender qual é a alternativa ao produto de origem animal que está sendo proposta. Geralmente a substituição se dá por produtos que também causam impacto negativo no pré e no pós-consumo — na tentativa de salvar um boi e não fazer uma jaqueta de couro, algumas marcas estão propondo jaquetas de plástico que prejudicam espécies marinhas. Na alimentação, produtos industrializados que fazem mal ao planeta e a quem consome. É importante observar e procurar entender os impactos desses produtos.

4) *Objetivos de Desenvolvimento Sustentável (ODS)*: Tenho visto muitas marcas comunicando suas estratégias de sustentabilidade em cima dos ODS da ONU. Mas são poucas que têm de fato estratégias, investimento e formas de medir e acompanhar resultados. Sempre que

vejo um caso desses tenho vontade de perguntar: qual é a estratégia contínua, a verba destinada a cada ODS, a métrica e o resultado obtido no último ano? Se inspirar nas ODS é muito legal, mas é preciso haver seriedade para não descredibilizar o movimento.

5) *Compensação*: A filosofia do capitalismo consciente disseminou a ideia de que as empresas devem ajudar a curar algum problema do mundo, e que elas devem desejar ser prósperas desde que tenham um propósito e gerem algum valor para o planeta. Assim surgiu uma grande onda assistencialista de ações ambientais e sociais — como a compensação de carbono, plantação de árvores, doações de roupas e comida — atreladas ao consumo. Tudo isso é bastante legal. Sendo feito de forma séria, contínua e responsável, gera impactos positivos. Mas é importante procurar entender quais outras iniciativas ambientais e sociais são tomadas pela marca. Analisar se de fato existe uma intenção de rever os processos e minimizar impactos negativos no início da cadeia produtiva (cuidando de fato das pessoas e do planeta), caso contrário, serão apenas ações paliativas para aliviar a consciência de danos causados. Band-aid em tiros de bala.

> Para pensar e conversar:
> **O que compro é (realmente) essencial a quem?**

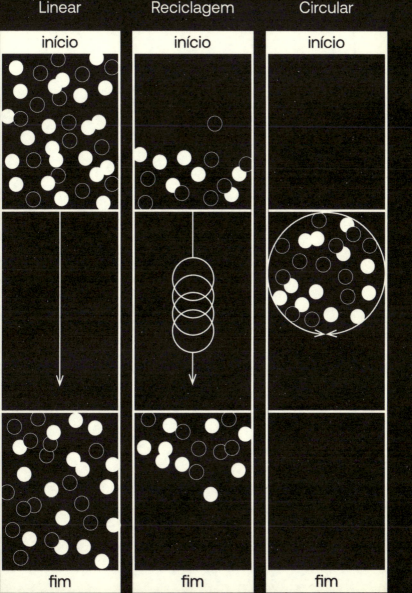

Regenerar

Uma das dimensões deste tempo que estamos vivendo (e que mais impacta no nosso futuro) é a crise. Antigamente temíamos dragões munidos de fogo na goela. Hoje nosso maior monstro parece ser ela. Falamos da crise como se fosse coisa do outro mundo. Mas vale lembrar que ela não é uma força espiritual ou da natureza. A crise somos nós e o que fazemos com ela.

A crise econômica de hoje, à qual nos referimos na maioria das vezes, é resultado da nossa crise interna, da crise de valores, da crise de consciência, da crise ambiental, da crise mercadológica, da crise de confiança, crise política, afetiva e espiritual que estamos promovendo.

Isso mesmo, ela é um reflexo dos nossos valores, da nossa educação e estilo de vida, da apatia, da falta de consciência e das estruturas de que fazemos parte. E só há um jeito de matar esse dragão. É preciso compreender que nós fazemos o mundo, que somos responsáveis por tudo, inclusive por sair da crise (te digo isso mesmo sabendo que não é fácil).

A base do nosso sistema socioeconômico funciona de forma negativa para o desenvolvimento humano e social. Na teoria esse sistema se constrói para que as atividades de produção e consumo caminhem bem e se sustenta de forma positiva caso ambas sejam altíssimas. Mas elas vão muito mal, e já iam antes da pandemia. Não só em relação à natureza e às pessoas — que estão esgotadas. Financeiramente já não tem dado certo também. A "conta" do mundo raramente fecha para a maior parte das pessoas. E assim sentimos a crise.

Nos acostumamos a explorar e a extrair a qualquer custo, mas agora estamos começando a entender que esse custo é alto e que quem paga essa conta somos nós. Se o tão esperado aquecimento econômico acontecer e as pessoas voltarem a consumir como antes, vamos ver uma nova barreira, a de recursos naturais, pois são eles (e nós) que estão por trás de todas as coisas do mundo. Como disse o pensador equatoriano Alberto Acosta em *O bem viver*, é hora de redefinir coletivamente os limites da relação entre si e com a Natureza:

> O ponto nevrálgico está na aceitação de que a Natureza possui limites que não podem ser ultrapassados pela economia. A mudança climática, resultado do consumo energético, é

uma evidência incontestável. O pensamento funcional se limita a fazer dos "bens" e "serviços ambientais" simples elementos de transação comercial por meio da concessão de direitos de propriedade sobre as funções dos ecossistemas. Uma situação que se produz devido à generalização de um comportamento egoísta e de curto prazo.

Um dos lugares que mais me fizeram refletir sobre tudo isso foi um aterro sanitário que visitei. Um depósito de resíduos sólidos descartados por residências, indústrias, hospitais... Olhando para tudo aquilo é impossível não pensar na real necessidade das "coisas" que fazemos, compramos, utilizamos e descartamos.

Ali vemos os restos da nossa sociedade, baseada em um modelo de descarte, no qual se consome e descarta de tudo (e a lógica é muito surreal, pois a gente extrai muito, produz e depois descarta a sobra de tudo que foi utilizado). A quantidade de resíduos se acumulando e degradando o ambiente natural me fez pensar que esse modelo está atingindo seus limites físicos. E isso é real, já pode ser medido.

Por exemplo, de acordo com a Global Footprint Network, o estoque de madeira do planeta pode acabar em até quarenta anos. A agropecuária, em sua forma mais tradicional, leva ao esgotamento do solo e à poluição da água — esta já tem sido vista como um dos bens mais caros e raros do futuro. Pescamos numa quantidade maior do que os peixes conseguem se reproduzir, enquanto poluímos os oceanos, dificultando ainda mais a capacidade de reprodução desses animais.

No final da década de 1980, essa empresa resolveu fazer a conta de quanto recurso a Terra é capaz de produzir de forma orgânica em um ano e quanto a atividade industrial e individual consome. Já em novembro do primeiro ano que foi calculado, atingimos o limite. Desde então, a cada ano chegamos a esse limite mais cedo. É o "cheque especial ambiental", ou dia da sobrecarga da Terra, que em 2019 foi em julho. Ou seja, hoje já precisamos de quase dois planetas para dar conta da quantidade de recursos que usamos em um ano.

Essa é uma das provas de que o nosso sistema produtivo funciona de forma insustentável devido à exploração excessiva de recursos e ao grande acúmulo de resíduos. Exploramos nossas fontes, produzimos bens e depois os descartamos. A obsolescência programada, que dá prazo de validade intencional a bens de consumo, gera resíduos que não recebem novos usos e se acumulam exponencialmente. O esgotamento de matérias-primas e o destino dos bens produzidos serão uma grande preocupação no futuro.

Como tudo é sistêmico, e nossa cultura vai se formando através de hábitos e valores que são normatizados, além dos impactos ambientais desse modelo, a lógica do "descartar" parece estar impregnada em outras áreas da nossa vida. Nossa relação com o lixo e a (falsa) sensação de que, ao tirar da nossa frente e jogar "fora" o que não queremos mais, um problema se resolve trouxeram para nossa vida um modo superficial de estabelecer relações, no qual tudo pode ser descartado: pessoas, projetos, sonhos, "coisas"... Só que não existe "fora".

Felizmente hoje parece haver um despertar para um olhar cíclico e uma atenção para rever a forma como processos e paradigmas foram estabelecidos. Basta olhar à sua volta para perceber que muitas coisas funcionam nesse formato. A própria roda da vida é um devir cíclico, com retorno e consequência às ações praticadas (algumas religiões inclusive acreditam que ela vai e vem, repetidas vezes e de forma cíclica, como acontece com os dias e as noites).

Aliás, na natureza tudo é cíclico. Não só os dias, que desde o primeiro ao infinito (são cíclicos) se repetem. O Sol aparece e some regularmente. A Lua obedece a uma sequência precisa de formas circulares. As estações se repetem. O mundo natural está cheio de objetos circulares em qualquer escala que observarmos. Estrelas são bolas. Planetas são bolas. Assim como as gotas da chuva e os grãos de areia.

Estique seus braços, e seu campo energético estará como uma esfera. Nosso corpo celeste é circular, assim como as curvas do nosso corpo físico. O globo ocular, o mamilo e o óvulo também. Não podemos esquecer dos glóbulos líquidos, das moléculas e das células. E fora da gente a moeda, o disco, o hambúrguer, o donut, e por aí vai. Mas por que então o nosso sistema econômico é feito de forma linear?

O olhar para tudo que é circular tem estimulado cientistas, agricultores, designers e produtories a trabalhar de forma diferente. Os resultados são novos modelos de cultivo e produção de materiais, geração de energia, compra, compartilhamento e outros processos (mais sustentáveis) que estejam alinhados com a ordem natural das coisas. Assim, começa a ser estabelecida uma nova lógica, a circular.

A economia circular (como é chamado esse novo esquema) propõe uma mudança na maneira de produzir, consumir e descartar, levando em conta um novo design — dos objetos à nossa relação com as matérias-primas e os resíduos. O conceito é baseado na inteligência da natureza. Na contramão do processo criativo-produtivo linear, o processo circular não acredita no fim das coisas, no lixo. Ele acredita em restaurar valor e regenerar.

No meio ambiente, restos de frutas consumidas por animais se decompõem e viram adubo para plantas. Na economia circular, resíduos e sobras são insumos para a produção de novos produtos. Novos produtos surgem do que já está disponível, sem a necessidade de demandar mais ao meio ambiente. A cadeia produtiva passa a ser repensada para que peças de eletrodomésticos usadas, por exemplo, possam ser reprocessadas e reintegradas à cadeia de produção como componentes ou materiais para a fabricação de novos eletrônicos. Roupas usadas podem ganhar novas pessoas ou virar matéria-prima para novas roupas.

No mundo são "jogados fora" 2,7 trilhões de dólares de resíduos ao ano. Dois terços de tudo que é produzido não são vendidos/utilizados. Um caminhão de lixo cheio de resíduo têxtil é descartado por segundo no mundo. Menos de 1% das roupas descartadas é reciclado. Esses dados foram levantados pela Ellen MacArthur Foundation, uma associação que surgiu com o propósito de ajudar a acelerar a transição da nossa economia para um modelo circular e mostrar que há ganho financeiro nessa mudança de lógica.

Em um primeiro momento, utilizar o que já existe pode ser mais caro e demandar mais energia, pois são necessários novos processos, maquinários, pessoas... mas, ao longo do tempo, a reestruturação do sistema pode levar a um ganho, porque os esforços de extrair o que é novo também são altos — e, como já falei, será cada vez mais caro e raro. E se apenas $1/3$ do que é produzido é consumido, isso significa que estamos gastando dinheiro, energia, mão de obra, tempo, para produzir coisas em vão. Não desperdiçar também gera ganho financeiro.

A lógica circular agregou diversos conceitos criados no último século, como: design regenerativo, economia de performance, *cradle to cradle* (do berço ao berço), ecologia industrial e biomimética — vale pesquisar para conhecer mais sobre cada um deles. Esses conceitos deram força à reciclagem, ao *upcycling*, aos novos modelos de negócio baseados em troca, reaproveitamento e tudo que se estabeleça para aproveitar o que já existe no mundo.

Sou particularmente muito encantado com esses conceitos. Quanto mais estudo e me aprofundo no que está de fato acontecendo com o meio ambiente, mais eu compreendo que a única alternativa para ajudar a Terra a se regenerar é parar de extrair recursos dela. Obviamente isso quebraria nossa economia, paralisando indústrias de diversas áreas. A lógica circular nos dá esperanças de que talvez não seja preciso parar as máquinas, apenas mudar a origem do que está sendo produzido.

Em 1976, Walter Stahel e Geneviève Reday cunharam o termo *cradle to cradle*. Stahel trabalhou no desenvolvimento de uma abordagem de "ciclo fechado" para processos de produção e criou o Product Life Institute, em Genebra. O Product Life Institute procura trabalhar com extensão da vida do produto, bens de vida longa, atividades de recondicionamento e prevenção de desperdício. Também analisa a importância de vender serviços em vez de produtos, uma ideia referida como "economia de serviços".

Michael Braungart e Bill McDonough continuaram a desenvolver o conceito e o processo de certificação Cradle to Cradle™, considerando todos os materiais envolvidos nos processos industriais e comerciais como nutrientes de novos produtos. O design *cradle to cradle* compreende processos seguros e produtivos do "metabolismo biológico" da natureza, como um modelo para desenvolver um fluxo de "metabolismo técnico" de materiais industriais.

O mais forte é o fim do conceito de resíduo. Criar e participar de sistemas de coleta e recuperar o valor de materiais é o que chamam de sistema restaurativo (do qual a reciclagem e o *upcycling*, por exemplo, fazem parte). Projetar produtos e materiais com ciclos de vida infinitos é o que chamam de ciclo fechado. Por exemplo, garrafas de plástico, quando recicladas, podem dar origem a novas garrafas sem precisar extrair matéria-prima virgem.

Na produção, recomendam a utilização da energia com fontes renováveis — eólica ou solar. Ainda gerenciam o uso da água para maximizar a qualidade, promover ecossistemas saudáveis e respeitar os impactos locais. Guiam operações e relações com todas as partes do processo (*stakeholders*) de forma mais ética e responsável socialmente, pois compreendem que tudo está conectado e acima de tudo esse formato busca mudar nossa dinâmica de relações sistêmicas.

Enquanto todos esses caminhos levam a formas de restaurar o valor do que já existe, há ainda (outra linha da economia circular) uma necessidade grande de regenerar o que já foi explorado, destruído. Organizações e sistemas regenerativos representam um novo padrão para a economia, a sociedade e os negócios.

Pude experimentar um pouco disso na ecovila de Piracanga, na Bahia. Por respeito à saúde — nossa, do solo e da água —, são usados apenas produtos biodegradáveis (de pasta de dente a protetor solar). Dessa forma, é possível beber a água que sai da torneira. Por lá, o "lixo" não existe, a comunidade reaproveita tudo que é possível (de comidas a embalagens). Durante quase um mês eu não produzi nenhum tipo de lixo. Quer dizer, somente alguns restos de comida. Mas esses voltavam direto para a natureza (eram compostados).

Lá a alimentação é livre de animais. Os banheiros secos são incríveis, pois, em vez de sujar a água, o que sai de "pior" da gente é utilizado para fertilizar o solo e gerar o bom alimento. A fonte da energia é primordialmente o Sol. E dessa forma — cíclica — estar em Piracanga nos faz entender que nossa saúde tem a ver com a saúde do planeta.

A economia regenerativa reconhece que a espécie humana é a "natureza" e parte do pressuposto de que os princípios universais do cosmos — como integridade, ética, cuidado e compartilhamento — devem ser usados como modelo para o design do sistema econômico. Ela considera que a verdadeira riqueza não é apenas o dinheiro no banco. É também bem-estar, que deve ser alcançado pela harmonização de diversos tipos de riqueza ou capital, inclusive sociais e culturais.

Um exemplo de economia regenerativa é a agricultura de orgânicos (sejam alimentos ou algodão para a indústria da moda). A produção segue preceitos de cuidado com o solo, a água e as pessoas que estão no entorno, sem a utilização de agrotóxicos, que aceleram uma produção constante em escala, mas a longo prazo esgotam a terra e causam problemas seríssimos às pessoas envolvidas (como aborto e doenças psíquicas de cunho suicida).

Ao se produzir em harmonia com o Sol, com as chuvas, com a terra e as pessoas, as necessidades da natureza — planeta e pessoas — vão se equilibrar para determinar as necessidades do mercado. Surgirá um novo tipo de consumo em que o luxo será baseado em bens intangíveis como tempo, silêncio, conexão, qualidade do ar e da água. Encontraremos novas formas de crescer, produzir, faturar, sem com isso acabar com nossa vida. Assim devolveremos o que tiramos da natureza. Compensaremos o impacto que causamos e permitiremos que se deixe regenerar o que nossa "humanidade" vem destruindo.

Filmes

Um presente à prova de futuro
O filme discute o atual modelo econômico linear (exploração, produção, consumo e descarte), a partir de uma investigação criativa, bem-humorada e profunda sobre o destino do planeta, enquanto os níveis de consumo e descarte continuam aumentando ano a ano.

Cultura do desperdício
O documentário revela o desperdício em torno de toda a cadeia de alimentos. Através de entrevistas com ativistas, intelectuais, especialistas e pessoas em situação de rua, visa à conscientização de quem assiste para gerar mudanças que possam promover um futuro melhor.

Estamira
O filme mostra a realidade de quem mora e trabalha no aterro sanitário Jardim Gramacho. Gira em torno de Estamira Gomes de Sousa, que se tornou famosa pelo discurso filosófico — uma mistura de lucidez e loucura (ela sofria problemas mentais) — sobre nossa sociedade.

Livros

Cradle To Cradle: Criar e reciclar ilimitadamente
Michael Braungart e William McDonough propõem como caminho para um futuro mais sustentável criar e reciclar ilimitadamente. De forma clara, acessível e até muito bem-humorada, vão contra a ideia de que a indústria humana deve prejudicar o mundo.

A visão sistêmica da vida
Fritjof Capra e Pier Luigi Luisi trazem neste livro conceitos, modelos e teorias de uma nova compreensão científica sobre a vida. Fazendo uma ampla varredura através da história, apresentam uma visão sistêmica unificada que inclui e integra as dimensões biológica, cognitiva, social e ecológica.

Introdução à visão holística
Os avanços tecnológicos das últimas décadas trouxeram inegáveis benefícios, mas também alienação e sofrimento psíquico. Nesse livro, Roberto Crema propõe a reflexão sobre um novo modelo de existência, baseado na integração entre ciência, filosofia, arte e tradição espiritual.

Calcule seu impacto

A Pegada Ecológica é como é compreendida a pressão do consumo da população humana sobre os recursos naturais, através de uma metodologia de contabilidade ambiental.

Compreender nosso impacto no mundo pode ser o primeiro passo para entender as necessidades de transformação. A Global Footprint dispõe de uma calculadora em seu site para que todos possam medir o impacto de seus hábitos de consumo sobre o planeta. Ela pode ser acessada em: <www.footprintcalculator.org/>.

Ao final, a calculadora mostra qual dia seria a data de sobrecarga da Terra e de "quantos planetas" precisaríamos se o consumo de todos fosse igual ao seu, além de apresentar algumas soluções.

> Para pensar e conversar:
> **Quem ganha com um sistema linear de produção e consumo?**

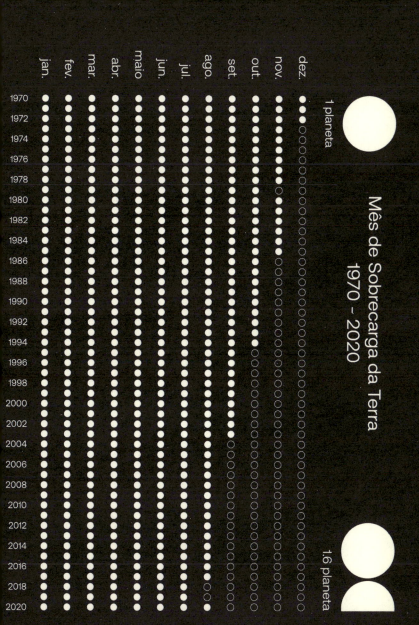

Salvar

Comecei a escrever este livro em novembro de 2019. Abri o navegador da internet para pesquisar sobre "futuro", e a primeira notícia era sobre o filme *Blade Runner — O caçador de androides*, que se passa justamente na Los Angeles pós-apocalíptica de novembro de 2019 (não era coincidência, claro).

O filme, lançado no início da década de 1980, foi meu primeiro contato com o futuro. Figurando sempre nas listas de melhores filmes da história, o clássico cult é um desdobramento do livro lançado em 1968 e se tornou uma das maiores referências do porvir.

Desde então influenciou diversos outros livros, filmes, séries, videogames, mas principalmente nossa visão do que viria pela frente. Ficções científicas nem sempre pretendem (ou têm a necessidade de) acertar o futuro, mas depois de influenciar tanto o nosso imaginário é impossível não querer comparar.

Uma das discussões levantadas no filme é a ética relacionada aos avanços da inteligência artificial e da robótica, um dos assuntos mais atuais que vivemos. Ainda não temos notícia de nenhum meta-humano produzido cromossomo por cromossomo, mas sabemos de técnicas e tratamentos genéticos para prevenir doenças e escolher a genitália de bebês. Qual será o limite?

Blade Runner não previu celulares, mas acertou em contatos feitos por chamadas de vídeo, reconhecimento de voz e casas equipadas com internet das coisas. Não acertou ao achar que já teríamos carros voadores, mas, mesmo sem eles, vivemos o caos urbano lotado de gente, veículos e poluição fora de controle.

Assim como na tela, muitos animais foram extintos e os que sobraram têm se tornado "artigos de luxo". No 2019 de *Blade Runner* o mundo é obscuro, com recursos naturais escassos e uma ininterrupta chuva ácida em cenários vazios e destroçados. No 2019 do Brasil, vimos a chuva preta invadir São Paulo, em decorrência das queimadas na Floresta Amazônica.

Quem também arriscou sua previsão de futuro foi o estúdio Hanna-Barbera, quando, no início da década de 1960, lançou os *Jetsons*, a ficção científica mais otimista das telas. No mundo de 2062, mais carros voadores, condomínios flutuantes, robôs cuidando das casas, projeções via hologramas e máquinas para replicar alimentos (alô, impressora 3D). George Jetson e sua família vivem numa utopia tecnológica, entre aparelhinhos chamados de "espacial e supersônico" — como os que aparecem na abertura e lembram *tablets*.

O que há em comum entre os *Jetsons* e *Blade Runner*? A inexistência de árvores nos cenários. Um ato falho (ou não) que dá conta de um recado importante, nosso esquecimento sobre as questões naturais do nosso planeta e as mudanças que estamos provocando. Se queremos controlar, mudar, transformar o que estamos vivendo, precisamos antes de mais nada nos lembrar de onde viemos.

Paul Crutzen, ganhador do Nobel em 1995, diz que a humanidade modificou a Terra a ponto de substituir a natureza como a força ambiental dominante no planeta, isso é o que ele chama de Antropoceno. Ao lançar fumaça de automóveis, fábricas e queimadas, a humanidade mudou a composição do carbono na atmosfera, provocando um aumento de temperatura, o derretimento das geleiras e o aumento do nível do mar. Sem contar as alterações físicas, com concreto e aço.

As cidades talvez sejam o exemplo mais visível do impacto humano. O asfalto, as luzes, os imensos arranha-céus, nada é natural. Isso traz consequências. Em janeiro de 2020, Belo Horizonte sofreu o maior desastre da história da cidade. Fortes chuvas causaram dezenas de mortes. Como tantas outras cidades, BH canalizou esgotos e escondeu rios. Essa é uma das consequências. Veremos outras, tomando proporções cada vez mais absurdas por causa da ação humana sobre o meio ambiente.

Nunca nos encorajaram realmente a ter um estilo de vida que preservasse o planeta. Em decorrência disso, estamos criando um mundo inabitável, com esgotamento de recursos naturais e mudanças climáticas. Não só fazendo muito pouco para prevenir, como incentivando — quando financiamos práticas que são contra o planeta (e sim, estamos acabando com as árvores (e biomas), que seriam as melhores aliadas na luta contra as mudanças climáticas).

A destruição do planeta está sendo feita por pessoas (provavelmente você também) bem comuns, obedientes à lei, frequentadoras da igreja, adeptas da moral e dos bons costumes, além de empresários, bilionários, criminosos ambientais ou políticos. Ao utilizar carros movidos a combustíveis fósseis, viajar de avião, consumir roupas, lanchar um simples hambúrguer de carne — alheias (muitas vezes inconscientes) ao custo planetário disso tudo.

E quando falo isso, não é com intenção de culpabilizar "consumidories" pela forma como agiram no passado. Como falei no início do livro, acredito que muitas vezes agimos como agimos por falta de consciência, por diversas limitações e até por falta de opção. Mas não podemos negar que deixamos a nossa pegada no planeta. E, quanto a isso, é importante reconhecer nossa responsabilidade.

Diante da noção dos impactos causados pela humanidade, temos a chance de mudar. Nossas ações individuais podem não ser suficientes para salvar o planeta, mas podem salvar nossa relação com a natureza, e isso fará um bem imenso para a nossa existência individual e coletiva.

Para você ter ideia, a produção de um (apenas um) hambúrguer gasta em média 2400 litros de água, o que corresponde ao consumo de mais de dois anos na vida de uma pessoa, e um quilo de couro para fazer acessórios ou estofado de carro gasta mais ainda. Grande parte da água que é utilizada no processo muitas vezes é descartada sem ser tratada ou reaproveitada. Enquanto isso (por diversas razões), a água vai se tornando o bem mais caro e raro do planeta.

A população não vai parar de crescer, e com isso a demanda de recursos naturais será cada vez maior (para alimentos, roupas, energia), principalmente porque a alimentação de grande parte dela é baseada no consumo de carnes (e a pecuária é uma das indústrias que mais consome recursos e gera impacto negativo no planeta). Estamos devastando florestas para criar gado e plantar soja e milho para alimentar o gado. Esse desequilíbrio pode resultar na falta de espaço para produzir alimentos para alimentar pessoas.

E quanto mais usamos recursos naturais de forma desequilibrada, mais desestabilizamos o clima, e mais difícil fica a renovação desses recursos. Se o tão esperado crescimento econômico voltar, se as pessoas voltarem a consumir como antes, a natureza não vai dar conta de prover recursos para produção. Do jeito que está hoje, a previsão é que até 2050 não tenhamos água para todas as necessidades que criamos (informação da FAO de 2015).

Os efeitos desse desequilíbrio já podem ser percebidos também na economia. É preciso ir cada vez mais longe para pescar (encarecendo o preço dos produtos), diversas matérias-primas estão ficando cada vez mais caras (é necessário gastar mais para manter a produção de tudo), enquanto na nossa própria casa também já sentimos as consequências, com a alta das contas de água e luz.

Além da preocupação com recursos naturais, e a água principalmente (que corresponde ao maior percentual de composição do nosso corpo e da Terra), o aquecimento global é uma grande ameaça que colabora com o cenário apocalíptico que bastantes ambientalistas anunciam para o futuro, e, mais uma vez, a solução passa por todos nós. Começa nas individualidades, até ganhar o todo. Importante: aqui eu não falo somente para "consumidories" — como já disse, eu adoraria que políticos, bilionários e empresários estivessem lendo este livro.

A sociedade como um todo tem um papel importante no combate à crise climática. Chegamos a este ponto em que estamos pelo consumo massivo de coisas feitas através de práticas insustentáveis. A industrialização está no centro desta história. De acordo com uma pesquisa do Carbon Disclosure Program em parceria com o Climate Accountability Institute, apenas cem empresas são responsáveis por 71% de todas as emissões globais de gases de efeito estufa. Quem comanda e financia tem uma grande responsabilidade em tudo o que está acontecendo.

Da mesma forma, as maiores empresas do mundo são responsáveis pelo uso massivo de agrotóxicos, pelo desmatamento e pela exploração de pessoas, pela manutenção de padrões opressores, desigualdades... Somado (e muitas vezes misturado) a isso, estão as pessoas mais ricas do mundo, que, segundo o relatório "Desigualdades extremas e emissões de CO_2", da ONG Oxfam, são responsáveis — apenas 10% das mais ricas do mundo — por produzir metade das emissões globais de carbono.

Por conta disso, cresce o número de artigos e documentários sobre a ineficácia das ações individuais na preservação. Muitos deles dizem que não adianta tomar banhos rápidos de cinco minutos, enquanto a maior quantidade de água do mundo está sendo usada pela indústria pecuária, por exemplo.

Mas, como já disse aqui, eu acredito que ações individuais movem a consciência planetária. Para estimular qualquer mudança, primeiro é preciso que as pessoas tenham noção do que está acontecendo e se importem com isso. Acho que esse é o papel de muites ativistas, ambientalistas, especialistas e comunicadories. Depois de saber e de se importar, as pessoas poderão fazer melhores escolhas, cobrar, investir, votar, exigir...

Cada microtransformação (conscientização) individual estimula outra e outra e outra mudança, pois a consciência é um caminho sem volta. Não podemos esquecer também que não somos somente "consumidories". Como pessoas, somos funcionáries, empresáries, investidories, fornecedories... ou seja, ocupamos papéis importantes em diversos lugares que precisam de mudanças, e muitas ações individuais têm impacto sistêmico e estrutural.

Para quem contesta mudanças ou ações individuais, eu pergunto: já parou para pensar que pouco adianta empresas ou produtos "sustentáveis" (que verdadeiramente geram menos impacto negativo), se não existe mercado consciente para isso? Ou então pessoas na política comprometidas com pautas ambientais se as pessoas não entendem ou valorizam a importância? Pouco adianta também ter opções veganas em restaurantes, se as pessoas preferem comer carne. As empresas precisam mudar, a política precisa mudar, mas é preciso que as pessoas mudem também, se comprometam mais.

A expansão da consciência individual e as transformações estruturais precisam acontecer juntas. Se acreditamos que o problema é sistêmico, estrutural, não podemos excluir as pessoas. A solução só pode ser sistêmica — com pessoas e organizações fazendo a sua parte. Muito do que impacta o planeta é resultado das nossas ações individuais e coletivas combinadas.

O desastre de Belo Horizonte não foi causado somente pela mudança da geografia natural da cidade, com a canalização de esgoto e o desaparecimento de rios, mas também por ralos e bueiros entupidos em decorrência do lixo descartado de forma errada. Isso tem a ver com o crescimento desordenado da cidade e com a falta de educação e de consciência da população — de forma sistêmica e complexa como canais de esgoto.

O Observatório da Nasa já constatou diversas vezes a multiplicação de eventos climáticos resultantes do aquecimento global, como o frio intenso do inverno de 2015 na América do Norte e o aumento drástico do calor no verão, do mesmo ano, na Austrália e na América do Sul. Os estragos paralisaram setores vitais para o funcionamento da sociedade. Em 2020 vimos as queimadas descontroladas da Austrália em decorrência do clima seco. Percebe o desequilíbrio?

O físico sul-africano David King, conselheiro científico do governo britânico para mudanças climáticas, costumava citar como exemplo os piores cenários previstos para a China: elevações do nível do mar afetando o lar de 200 milhões de pessoas, muitas vítimas fatais da poluição, quebras da safra de arroz e ondas de calor que estejam acima da capacidade fisiológica de adaptação do ser humano em determinadas localidades. "Com mais de três dias com temperaturas superiores a 40 °C e muita umidade você não consegue compensar o calor pela transpiração e morre", diz ele.

Na contramão das previsões, o inesperado aconteceu, e o mundo foi obrigado a parar em 2020 por causa da pandemia em decorrência do novo coronavírus. Fábricas, comércio e diversos setores importantes para a economia tiveram o funcionamento suspenso, e por causa disso presenciamos processos de regeneração espontânea no planeta, encerrando qualquer dúvida/discussão sobre nossos impactos negativos. A China reduziu 25% da emissão de poluentes (principalmente por conta do fechamento de fábricas) e o ar voltou a ser respirável. Em Veneza, as águas dos canais se tornaram cristalinas com a redução do movimento de barcos/pessoas.

Sei que não há o que comemorar nisso, porque o custo humano foi alto e nenhuma mudança estrutural foi feita. Com a retomada, tudo voltou "ao normal". Mas existe um valor grande nisso para mim, que é o fim do negacionismo. Não temos mais como negar a nossa interferência na natureza. E também o quanto sofremos as consequências desse impacto — vide a origem do coronavírus.

E existe também outro grande motivo para a transformação e a expansão da consciência individual. A ativista Kornelija Gruodyte diz que a melhor ação que podemos fazer pelo planeta é votar, evitando políticos negacionistas de questões climáticas. Eu ainda acrescentaria que é necessário se informar sobre políticas públicas de combate à desigualdade e pela promoção da diversidade, apoiando quem defende políticas públicas efetivas e transformadoras. Essas talvez sejam as ações individuais de maior impacto, que decorrem de todas as que vimos neste livro. No Climate Conscious, Kornelija escreveu: "Vote em candidatos que protejam seus interesses, que apoiem sistemas tributários progressivos e que imponham impostos de carbono. Eduque-se, pergunte aos políticos sobre suas políticas ambientais e exija especificações sobre como eles vão executá-las. Use sua voz para mudar a face da política, e a situação da mudança climática também mudará. E lembre-se de ir de ônibus ao local de votação".

De volta para o futuro, realizamos sonhos ancestrais de voar e nos comunicar à distância (mesmo que ainda não seja bem telepatia). Vivemos em rede. Convivemos com robôs. Fazemos download de informações e upload de conteúdo a qualquer momento. Já somos capazes de manipular códigos genéticos e até a realidade. Sem contar os grupos que estão trabalhando para dar fim à morte e nos transformar em amortais.

O próximo grande tabu a cair por terra precisa ser a noção de separação da humanidade do mundo natural e a noção de que a economia (com suas empresas, o lucro, a ganância, o dinheiro, o poder...) é a coisa mais importante da vida. Isso porque, como falei antes, o progresso econômico tem barreira no colapso ecológico. Nós temos barreira no colapso ecológico.

Podemos ganhar a vida eterna neste planeta, mas em que condições de clima e ambiente vamos viver? Pequim estava tão poluída que as pessoas não conseguiam ficar ao ar livre. O mercado de purificação de ar estava estourado. As pessoas ricas constroem estufas nos jardins para respirar. E quem não tem dinheiro?

Durante um tempo acreditou-se que Deus era responsável por muitos acidentes naturais (a própria passagem da arca de Noé reforça isso, quando, por causa do mau comportamento humano, Deus decide varrer da Terra todos os animais). Mas está comprovado que muitos desses acidentes são reações a todo o desequilíbrio criado por nós. Mesmo assim ainda são poucas as pessoas dispostas a abrir mão do seu estilo de vida e de pequenos luxos — como copos de plástico, carro, canudo, desodorante aerossol, absorventes e fraldas descartáveis ou certos alimentos.

Mesmo já sofrendo as consequências das altas temperaturas e vendo as catástrofes ambientais, ainda não tivemos uma mudança de comportamento em massa. Da Revolução Industrial para cá, houve uma guinada expressiva rumo ao materialismo exploratório de recursos naturais e das pessoas, em um sentido muito funcional, para atender a necessidades e desejos humanos. Assim, se importar com o mundo natural foi perdendo importância ao longo do tempo. E tudo começou a se desequilibrar.

"Estamos jogando uma partida arriscada com o futuro", disse Frederic Laloux, no livro *Reinventando as organizações*. Para construir um bom futuro, vamos precisar reconhecer que, se somos parte da natureza, todas as nossas relações precisam privilegiar o cuidado com a vida. O planeta é um sistema integrado conosco, é o nosso corpo maior. É a nossa casa, e precisamos honrá-lo e respeitá-lo como tal. Isso em nível sistêmico, como um todo. Pessoas, plantas, animais humanos e não humanos.

Filmes

Uma verdade inconveniente
O documentário feito pelo ex-vice-presidente dos Estados Unidos Al Gore é a primeira grande reportagem sobre o aquecimento global transformada em filme. Traz uma série de detalhes e informações para entender conceitos básicos como o efeito estufa, por exemplo.

A última hora
Primeiro longa produzido por Leonardo DiCaprio sobre as mudanças climáticas, no qual há entrevistas com 54 especialistas que falam de forma bem esclarecedora sobre o tema. Diferentemente do filme de Al Gore, que foca em dados, tem como foco as pessoas e suas histórias.

Seremos história?
Segundo documentário de Leonardo DiCaprio, que trata do fenômeno do aquecimento global e realiza uma madura análise do (nosso) estilo de vida que pode dar fim ao planeta da forma como o conhecemos. Traz nomes de peso, como o papa Francisco e o presidente Barack Obama.

Livros

Gaia: a cura para um planeta doente
James Lovelock apresenta sua teoria de Gaia — segundo a qual a Terra é viva e pode ser considerada um gigantesco superorganismo que está doente. No livro, vemos que a humanidade parece ser parte do problema.

As conexões ocultas
Nesse livro, Fritjof Capra demonstra de modo conclusivo que os seres humanos estão ligados à teia de tudo o que existe no planeta e fala sobre a necessidade de organizarmos o mundo segundo um conjunto de crenças e valores favoráveis à sobrevivência e à sustentabilidade da humanidade.

Economia Donut
Kate Raworth propõe um novo, simples, ambicioso e revolucionário modelo econômico para responder aos desafios do século XXI, mais respeitoso com as pessoas e os recursos naturais.

Para pensar e conversar:
Em qual presente você gostaria de viver?

Escrever um livro é um processo tão solitário quanto coletivo. É fruto de muita pesquisa, observação e conversas. Agradeço a cada uma das pessoas que são citadas, por fazerem parte. E também: Duda Teo, por ter me auxiliado com a linguagem neutra — e por ter ido além. Bruno Oliveira Santos, pela capa, e Luana Adriano por ter feito as ilustrações comigo. Gisele Machado e Bruno Morais, da Marrom Glacê Assessoria de Imprensa. E a todas as pessoas da editora.

TIPOGRAFIA Arnhem Blond
DIAGRAMAÇÃO Osmane Garcia Filho
PAPEL Pólen Soft, Suzano S.A.
IMPRESSÃO Gráfica Bartira, julho de 2021

A marca FSC® é a garantia de que a madeira utilizada na fabricação do papel deste livro provém de florestas que foram gerenciadas de maneira ambientalmente correta, socialmente justa e economicamente viável, além de outras fontes de origem controlada.